100% DELF A1 – B2 scolaire et junior / tout public
Neue Prüfungsformate ab 2020

Unterrichtshandreichung mit digitalen Extras

100% DELF A1 – B2 scolaire et junior / tout public
Neue Prüfungsformate ab 2020
Unterrichtshandreichung mit digitalen Extras

von
Gabrielle Bosse
Marie Cravageot

Alles Digitale zu diesem Buch kann auf der Lernplattform **allango** von Ernst Klett Sprachen abgerufen werden. So geht's:

QR-Code scannen oder **www.allango.net** aufrufen	Buchtitel oder ISBN in der Suche eingeben und auf das Buchcover klicken	Zum Inhalt navigieren, direkt abrufen oder speichern

Dieses Symbol bedeutet, dass zu einem Buch-Abschnitt ein digitaler Inhalt verfügbar ist.

Ernst Klett Sprachen
Stuttgart

1. Auflage 1 5 4 3 2 1 | 2028 27 26 25 24

Sicherheit und Datenschutz
Wir weisen darauf hin, dass die in der vorliegenden Unterrichtshandreichung genannten Apps und Internet-Inhalte (außer unseren Webseiten www.allango.net und www.klett-sprachen.de) nicht vom oder für den Verlag Ernst Klett Sprachen GmbH entwickelt oder bereitgestellt wurden.
Die Nutzung im Unterricht liegt in der Verantwortung der jeweiligen Lehrkraft. Selbstverständlich haben die Autorenschaft und die Redaktion die Angebote zum Zeitpunkt der Veröffentlichung gesichtet und geprüft, aber digitale Inhalte (Apps und Online-Angebote) sind in weit stärkerem Maße als die eigentlichen Lehrwerkstexte einem rasanten Wandlungsprozess unterzogen.
Apps ändern ihre Geschäftsmodelle und AGBs, Internetressourcen sind nicht mehr aufrufbar oder wechseln den Betreiber. Wir bitten Sie daher, vor dem Unterrichtseinsatz die vorgestellten Anwendungen und Inhalt noch einmal zu prüfen.

www.klett-sprachen.de

Unter Mitarbeit von Martina Angele, Maëla Le Corre

Redaktion: Sylvie Cloeren
Layoutkonzeption: Elmar Feuerbach, Andreas Drabarek
Gestaltung und Satz: Datagroup Int, Timisoara, Romania
Umschlaggestaltung: Elmar Feuerbach, Andreas Drabarek
Druck und Bindung: Elanders GmbH, Anton-Schmidt-Str. 15, 71332 Waiblingen

Printed in Germany

978-3-12-529544-5

Inhaltsverzeichnis

1 Allgemeines

1.1 DELF und der Gemeinsame Europäische Referenzrahmen für Sprachen

DELF-Diplome (*Diplôme d'études en langue française*) sind staatliche französische Sprachzertifikate, die international anerkannt sind und in mehr als 170 Ländern erworben werden können.
Die Prüfungen werden im Auftrag des französischen Bildungsministeriums vom *FEI (France Éducation International)* entwickelt und in Deutschland von den Prüfungszentren der Instituts Français organisiert. Auf der Grundlage von Vereinbarungen mit den Schulministerien der Bundesländer kann das *DELF scolaire* in Schulen durchgeführt werden. Die Prüfungen für das *DELF junior* und das *DELF tout public* finden in einem *Institut français* statt.
Die erlangten Diplome bleiben lebenslang gültig. Interessant ist in diesem Zusammenhang, dass die Diplome das Erreichen einer bestimmten Niveaustufe des DELF im Allgemeinen bescheinigen, der Zusatz *scolaire* oder *junior* oder *tout public* erscheint auf den Diplomen nicht.

Im Jahre 2005 wurden die DELF-Prüfungen an den Europäischen Referenzrahmen für Sprachen (GeR) angeglichen.

Der GeR ist eine im Jahre 2000 herausgegebene Empfehlung des Europarats zur Beschreibung und Beurteilung von Sprachkenntnissen.
Ziel ist es, Mehrsprachigkeit zu fördern und im Rahmen der wachsenden Mobilität in Europa die Sprachkompetenz von Lernenden durch die Entwicklung von gemeinsamen Standards vergleichbar zu machen. Auf der Grundlage dieser Standards können beispielsweise länderübergreifend schulische Curricula oder Anforderungskriterien für Sprachprüfungen entwickelt werden und so Abschlüsse und Sprachzertifikate international transparent und aussagekräftig gemacht werden.
Auch die neu entwickelten Kernlehrpläne für das Fach Französisch orientieren sich an den Vorschlägen des Europäischen Referenzrahmens, wodurch es zu einer hohen Übereinstimmung zwischen den Unterrichtsinhalten und den Anforderungen der DELF-Prüfungen kommt, so dass sich die Vorbereitung auf das DELF problemlos in den Unterricht integrieren lässt.

Bei der Entwicklung von transparenten Beschreibungen sprachlicher Fähigkeiten geht der Referenzrahmen von einem handlungsorientierten Ansatz aus. Der Sprachlernende wird als sozial Handelnder betrachtet, der unter bestimmten Umständen und in bestimmten Situationen kommunikative Aufgaben bewältigen muss.
Bei den kommunikativen Sprachkompetenzen unterscheidet der Europäische Referenzrahmen drei Kompetenzniveaus mit insgesamt 6 Niveaustufen:

Elementare Sprachverwendung (A1 - A2)
Selbstständige Sprachverwendung (B1 - B2)
Kompetente Sprachverwendung (C1 - C2)

Die DELF-Diplome umfassen die Kompetenzstufen A1 bis B2.

Die kompetente Sprachverwendung wird gesondert durch die DALF-Diplome (*Diplôme approfondi de langue française*) nachgewiesen.

Die DELF-Prüfungen können unabhängig voneinander auf den vier verschiedenen Niveaustufen A1, A2, B1, B2 absolviert werden. Der schrittweise Aufbau der Kenntnisnachweise ist sinnvoll und motivierend, es ist aber auch durchaus möglich, sofort auf den anspruchsvolleren Niveaus B1 oder B2 einzusteigen.

À savoir !

Es gibt verschiedene DELF :

DELF Prim
Public : enfants scolarisés au niveau de l'enseignement primaire
Niveaux évalués : A1.1, A1, A2

DELF scolaire
Public : adolescents dans l'enseignement scolaire (inscription via l'école)
Niveaux évalués : A1 à B2

DELF junior
Public : adolescents dans l'enseignement scolaire (inscription individuelle)
Niveaux évalués : A1 à B2

DELF tout public
Public : adultes
Niveaux évalués : A1 à B2

DELF Pro
Diplôme d'études en langue française « option professionnelle »
Public : personnes ayant pour objectif une insertion ou une promotion professionnelle en France ou en milieu francophone
Niveaux évalués : A1 à B2

DALF
Diplôme approfondi de langue française
Public : adultes en situation universitaire ou professionnelle - tout public
Niveaux évalués : C1 et C2

https://www.france-education-international.fr/hub/diplomes-tests

Überblick über die Niveaustufen A1 bis B2 des GeR

Elementare Sprachverwendung

A1	**Anfänger** Kann vertraute, alltägliche Ausdrücke und ganz einfache Sätze verstehen und verwenden, die auf die Befriedigung konkreter Bedürfnisse zielen. Kann sich und andere vorstellen und anderen Leuten Fragen zu ihrer Person stellen - z.B. wo sie wohnen, was für Leute sie kennen oder was für Dinge sie haben - und kann auf Fragen dieser Art Antwort geben. Kann sich auf einfache Art verständigen, wenn die Gesprächspartnerinnen oder Gesprächspartner langsam und deutlich sprechen und bereit sind zu helfen.
A2	**Grundlegende Kenntnisse** Kann Sätze und häufig gebrauchte Ausdrücke verstehen, die mit Bereichen von ganz unmittelbarer Bedeutung zusammenhängen (z.B. Informationen zur Person und zur Familie, Einkaufen, Arbeit, nähere Umgebung). Kann sich in einfachen, routinemäßigen Situationen verständigen, in denen es um einen einfachen und direkten Austausch von Informationen über vertraute und geläufige Dinge geht. Kann mit einfachen Mitteln die eigene Herkunft und Ausbildung, die direkte Umgebung und Dinge im Zusammenhang mit unmittelbaren Bedürfnissen beschreiben.

Selbstständige Sprachverwendung

B1	**Fortgeschrittene Kenntnisse** Kann die Hauptpunkte verstehen, wenn klare Standardsprache verwendet wird und wenn es um vertraute Dinge aus Arbeit, Schule, Freizeit usw. geht. Kann die meisten Situationen bewältigen, denen man auf Reisen im Sprachgebiet begegnet. Kann sich einfach und zusammenhängend über vertraute Themen und persönliche Interessengebiete äußern. Kann über Erfahrungen und Ereignisse berichten, Träume, Hoffnungen und Ziele beschreiben und zu Plänen und Ansichten kurze Begründungen oder Erklärungen geben.
B2	**Selbständige Sprachverwendung** Kann die Hauptinhalte komplexer Texte zu konkreten und abstrakten Themen verstehen; versteht im eigenen Spezialgebiet auch Fachdiskussionen. Kann sich so spontan und fließend verständigen, dass ein normales Gespräch mit Muttersprachlern ohne größere Anstrengung auf beiden Seiten gut möglich ist. Kann sich zu einem breiten Themenspektrum klar und detailliert ausdrücken, einen Standpunkt zu einer aktuellen Frage erläutern und die Vor- und Nachteile verschiedener Möglichkeiten angeben.

(Aus: *Gemeinsamer Europäischer Referenzrahmen für Sprachen: lernen, lehren und beurteilen*. S. 35, Klett-Langenscheidt)

Diese sehr allgemein gehaltenen Beschreibungen der Kompetenzstufen werden im GeR für jede Niveaustufe in den Teilkompetenzen Hörverstehen, Leseverstehen, Sprechen und Schreiben weiter aufgefächert.

Der Referenzrahmen unterteilt die Sprachkompetenz außerdem in:
- Rezeptive Fähigkeiten
- Produktive Fähigkeiten
- Interaktive Fähigkeiten

Bei den DELF-Zertifikaten sind die interaktiven Fähigkeiten in die mündlichen und schriftlichen Prüfungsteile integriert, z. B. bei der *production écrite* durch das Verfassen eines Briefes oder bei der *production orale* durch Rollenspiele oder Diskussionen.

Der Referenzrahmen versteht sich jedoch nicht als verpflichtende Vorgabe, sondern als eine Empfehlung, die zur Reflexion anregen will und die genug Spielraum lässt, auf die kommunikativen Bedürfnisse und die Situation der jeweiligen Lerner einzugehen.
Dementsprechend handelt es sich bei den Kompetenzbeschreibungen teilweise um recht allgemeine Formulierungen, die je nach Zweck und Zielgruppe konkretisiert werden müssen. In Bezug auf das DELF bedeutet dies, dass das *DELF scolaire et junior* sich thematisch besonders an der Lebenswelt von Jugendlichen und Schülerinnen und Schülern orientiert. Das *DELF tout public* richtet sich an Studierenden und der Erwachsene.

1.2 Die Niveaustufen A1 – B2 : Kompetenzen, Themen, Progression

1.2.1 Kompetenzen

Der folgende Überblick basiert auf dem Gemeinsamen Europäischen Referenzrahmen für Sprachen, orientiert sich aber an den konkreten Anforderungen der DELF- Prüfungen.

Um die Anforderungen der Niveaustufen A1 – B2 klarer voneinander abgrenzen zu können, werden zunächst die Kompetenzerwartungen für die elementare Sprachverwendung A1 und A2 in einer Tabelle einander gegenübergestellt, danach folgt eine Übersicht über die Kompetenzen der selbstständigen Sprachverwendung B1 und B2.
Wichtig ist es zu beachten, dass jede Niveaustufe die sprachlichen Fähigkeiten der vorangegangenen Stufen voraussetzt. In den Tabellen sind jeweils nur die neu hinzugekommenen Kompetenzen aufgeführt.

Kompetenzen der elementaren Sprachverwendung A1 – A2

Hören

	A1	A2
Hörverstehen allgemein	Kann alltägliche Ausdrücke, die auf die **Befriedigung einfacher, konkreter Bedürfnisse** zielen, verstehen und kann Wendungen und Wörter verstehen, wenn es um Dinge von ganz unmittelbarer Bedeutung geht (z. B. grundlegende Informationen zu Person, Familie, Einkaufen, Schule, nähere Umgebung), sofern sehr deutlich und langsam gesprochen wird.	Versteht genug, um **Bedürfnisse konkreter Art** befriedigen zu können und in gängigen Alltagssituationen zurechtzukommen, sofern deutlich und langsam gesprochen wird.
Spezifische Kompetenzen	Kann das Thema eines sehr einfachen und kurzen Alltagsgesprächs verstehen.	Kann im Allgemeinen das Thema von Gesprächen erkennen, wenn langsam und deutlich gesprochen wird.
	Kann kurzen, langsam und deutlich gesprochenen Tonaufnahmen über vorhersehbare, alltägliche Dinge die wesentliche Information entnehmen. Kann spezifische Informationen erfassen (z. B. Zahlen, Preise, Uhrzeit, Datum). Kann das Wesentliche von kurzen, klaren und einfachen Durchsagen und Mitteilungen erfassen. Kann einfache Fragestellungen verstehen.	Siehe A1.
	Kann eine Wegbeschreibung verstehen.	Kann einfache Erklärungen, wie man zu Fuß oder mit öffentlichen Verkehrsmitteln (z. B. Métro) an einen bestimmten Ort gelangt, verstehen.
	Kann Anweisungen, die langsam und deutlich an ihn /sie gerichtet werden, verstehen.	Siehe A1.
		Kann die globale Intention der Kommunikation erfassen.
		Kann Gefühle und Eindrücke der Sprecher erfassen.
Textsorten	z. B. Durchsagen, Nachrichten auf Anrufbeantworter, Telefongespräche, Alltagsgespräche, Kochrezepte	Siehe A1 Außerdem: Wetterberichte, kurze Reportagen, Interviews

Lesen

	A1	A2
Leseverstehen allgemein	Kann sehr kurze, einfache Texte **zu unmittelbar vertrauten Alltagsthemen** Satz für Satz lesen und verstehen, indem er / sie bekannte Namen, Wörter und einfachste Wendungen heraussucht und, wenn nötig, den Text mehrmals liest.	Kann kurze, einfache Texte **zu vertrauten, konkreten Themen** verstehen, in denen eine gängige alltagsbezogene Sprache verwendet wird.
Spezifische Kompetenzen	Kann vertraute Namen, Wörter und ganz elementare Wendungen in einfachen Mitteilungen im Zusammenhang mit den üblichsten Alltagssituationen verstehen.	Kann konkrete, voraussagbare Informationen in einfachen Alltagstexten auffinden.
	Kann kurze einfache Mitteilungen (z. B. einfache SMS, E-Mails und Postkarten) verstehen.	Kann einfache Mitteilungen und einfache persönliche Briefe verstehen.
	Kann sich bei einfacherem Informationsmaterial und kurzen, einfachen Beschreibungen eine Vorstellung über den Inhalt machen, besonders, wenn es visuelle Hilfen gibt.	Kann sich eine Vorstellung von der Gesamtaussage kurzer Texte und Äußerungen zu konkreten, alltäglichen Themen machen.
		Kann Vorschriften, z. B. Sicherheitsvorschriften, verstehen, wenn sie in einfacher Sprache formuliert sind.
	Kann einfache und kurze Anweisungen verstehen. Kann kurze, einfache Wegerklärungen verstehen.	Kann einfache Anweisungen und Anleitungen für Apparate, mit denen man im Alltag zu tun hat, verstehen.
	Kann einfachen Dokumenten spezifische Informationen entnehmen.	Kann aus einfachen schriftlichen Materialien wie Briefen, Broschüren oder Zeitungsartikeln, in denen Ereignisse beschrieben werden, spezifische Informationen herausfinden und eine Meinung erkennen. Kann die globale Intention des Textes erfassen.
	Kann unbekannte Wörter aus dem Textzusammenhang erschließen.	Siehe A1.
Textsorten	z. B. Speisekarten, Anzeigen, Flyer, Werbung, Kataloge, Plakate, Poster, Schilder, Fahrkarten, Fahrpläne, Stundenpläne, Formulare, Postkarten, SMS, E-Mails, Notizzettel, Internet, Jugendzeitschriften, Zeitungen …	Wie A1. Außerdem etwas längere zusammenhängende Texte: Persönliche Briefe, Geschichten, Artikel

Schreiben

	A1	A2
Schriftliche Produktion allgemein	Kann einfache, **isolierte Wendungen und Sätze** schreiben.	Kann eine Reihe einfacher Wendungen und Sätze schreiben und mit **Konnektoren** wie *und*, *aber* oder *weil* verbinden.
Spezifische Kompetenzen	Kann einfache Formulare ausfüllen (z. B. ein Anmeldeformular für einen Austausch) und dabei Daten angeben, den eigenen Namen, Nationalität, Alter, Geburtsdatum, Adresse, usw. eintragen.	Siehe A1.
	Kann einfache Wendungen über sich selbst, andere Menschen und Orte (z. B. Ferienorte, Schule, die eigene Stadt) schreiben.	Kann in einer Reihe einfacher Sätze über sich selbst und alltägliche Aspekte des eigenen Umfeldes schreiben, wie z. B. über die eigene Familie, die Freizeit oder die Schule.
	Kann schriftlich Informationen zur Person erfragen oder weitergeben.	Kann kurze, einfache, Biographien und einfache Geschichten über Menschen schreiben.
	Kann kurze, einfache Notizen und Mitteilungen schreiben, die sich auf unmittelbare Bedürfnisse und vertraute Alltagssituationen beziehen.	Kann eine kurze, elementare Beschreibung von Ereignissen, vergangenen Handlungen und persönlichen Erfahrungen verfassen.
	Kann kurze, einfache Postkarten oder E-Mails (z. B. aus den Ferien) schreiben und dabei Datumsangaben, einfache Begrüßungs- und Abschiedsformeln benutzen.	Kann einen einfachen persönlichen Brief schreiben und dabei Datumsangaben, einfache Begrüßungs- und Abschiedsformeln benutzen. Kann auf einfache Art seine / ihre Gefühle ausdrücken.
		Kann sich schriftlich für etwas bedanken oder entschuldigen, jemanden einladen oder eine Einladung ablehnen.
Textsorten	Formulare, Postkarten, Notizzettel, Mitteilungen, SMS, E-Mail. *Bildunterschriften (nur A1)*	Wie A1. Außerdem : – kurze Berichte über vergangene oder geplante Ereignisse (z. B. Schulfest, Geburtstagsfeier, Ferien) – persönliche Briefe

Sprechen

	A1	A2
Mündliche Produktion allgemein	Kann sich in **unmittelbar vertrauten Alltagssituationen** mit einfachen, überwiegend isolierten Wendungen äußern.	Kann sich in **gängigen Alltagssituationen** mit einfachen Mitteln verständigen und in einer Reihe von Sätzen und mit einfachen Mitteln sich selbst und geläufige Aspekte seines / ihres Umfeldes beschreiben.
Zusammen-hängendes monologisches Sprechen	Kann sich selbst beschreiben und sagen, wo er / sie wohnt und was er / sie gerne tut.	Kann in einfacher Form über sich selbst, seine / ihre Familie, Freizeit, Umgebung und Schule berichten.
		Kann kurz und einfach über Ereignisse, Erinnerungen und Pläne sprechen. Kann mit einfachen Worten Personen, Orte, Dinge beschreiben und vergleichen. Kann eine eingeübte, kurze, einfache Präsentation zu einem Thema aus seinem / ihrem Alltag vortragen.
	Kann bei Verständnisproblemen mit sehr einfachen Wendungen um Wiederholung und Hilfe bitten.	Kann unkomplizierte Nachfragen beantworten, und, falls die Möglichkeit besteht, um Wiederholung oder um Hilfe beim Formulieren zu bitten.
An Gesprächen teilnehmen: Typische Fertigkeiten DELF	Kann sich auf einfache Art in einfachen Alltagssituationen verständigen, doch ist die Kommunikation völlig davon abhängig, dass etwas langsam wiederholt, umformuliert oder korrigiert wird.	Kann sich in einfachen Alltagssituationen verständigen, in denen es um einen unkomplizierten und direkten Austausch von Informationen über vertraute Themen geht, sofern die Gesprächspartner, falls nötig, helfen.
	Kann einfache Fragen stellen und beantworten, einfache Feststellungen treffen oder auf solche reagieren, sofern es sich um einfache, konkrete Bedürfnisse oder um sehr vertraute Themen handelt.	Kann Fragen stellen und beantworten und in vorhersehbaren Alltagssituationen Gedanken und Informationen austauschen.
	Kann sich selbst und jemanden vorstellen und einfache Gruß- und Abschiedsformeln gebrauchen. Kann in einfachen Worten sagen, wie es ihm / ihr geht, jemanden nach dem Befinden fragen und auf Neuigkeiten reagieren.	Kann einfache Kontaktgespräche führen und sich und andere vorstellen. Kann jemanden ansprechen.

	Kann einfache Fragen zur Person stellen und kann einfache, direkte Fragen zur Person beantworten, wenn die Fragen langsam, deutlich und in direkter, nicht idiomatischer Sprache gestellt werden.	Kann persönliche Informationen geben und erfragen.
	Kann alltägliche Höflichkeitsformeln verwenden (danken, bitten, sich entschuldigen und auf Entschuldigungen reagieren). Kann anderen beipflichten oder widersprechen.	Siehe A1.
	Kann jemanden um etwas bitten und jemandem etwas geben.	Kann einfache Wendungen gebrauchen, um Dinge zu erbitten oder zu geben und einfache Informationen zu erfragen.
	Kann ein sehr einfaches Einkaufsgespräch führen. Kommt mit Zahlen, Mengenangaben, Preisen zurecht.	Kann einfache Einkäufe machen, sagen, was er / sie sucht, und nach dem Preis fragen. Kann im Restaurant bestellen.
	Beherrscht einige elementare Wendungen für ein Telefongespräch.	Kann ein einfaches Telefongespräch führen.
	Kann nach dem Weg fragen.	Kann nach dem Weg fragen und den Weg erklären und dabei auf einen Plan oder eine Karte Bezug nehmen.
		Kann Vorschläge machen und auf Vorschläge reagieren. Kann mit anderen besprechen, was man tun oder wohin man gehen will. Kann die eigene Meinung zu einer praktischen Frage äußern, sofern er / sie Hilfe beim Formulieren erhält.
	Kann sagen, dass er / sie etwas nicht versteht und um Wiederholung bitten.	Kann mit Hilfe von fertigen Wendungen darum bitten, nicht verstandene Schlüsselwörter zu klären.
	Kann seine Adresse, seinen Namen und andere Angaben zu seiner Person buchstabieren.	Siehe A1.
Situative Einbettung	Standardsituationen, wie sie in den Ferien oder bei einem Austausch, im Alltag und in der Schule vorkommen können.	Siehe A1.

Kompetenzen der selbstständigen Sprachverwendung B1 – B2

Hören

	B1	B2
Hörverstehen allgemein	Kann die Hauptpunkte verstehen, wenn deutlich artikulierte Standardsprache verwendet wird und wenn es um **konkrete Themen** aus dem eigenen Umfeld wie Schule, Freizeit usw. oder aktuelle Themen und Ereignisse geht. Kann auch kurze Erzählungen und Radiobeiträge verstehen.	Kann im direkten Kontakt und in den Medien gesprochene Standardsprache verstehen, wenn es sich um vertraute oder allgemeine Themen handelt. Kann die Hauptaussagen von inhaltlich und sprachlich **komplexen Redebeiträgen auch zu abstrakten Themen** verstehen, wenn Standardsprache gesprochen wird. Kann längeren Redebeiträgen und komplexer Argumentation folgen, sofern die Thematik einigermaßen vertraut ist.
Spezifische Kompetenzen	Kann den Hauptpunkten von längeren Gesprächen folgen, auch wenn mehrere Sprecher beteiligt sind.	Kann mit einiger Anstrengung vieles verstehen, was in Gesprächen gesagt wird.
	Kann in groben Zügen unkomplizierte Vorträge und Reden zu vertrauten Themen verstehen. Kann unkomplizierte Sachinformationen über gewöhnliche, alltagsbezogene Themen verstehen.	Kann die Hauptaussagen von inhaltlich und sprachlich komplexen Vorträgen, Reden, Berichten zu allgemeinen Themen verstehen.
	Kann dabei Hauptaussagen und Einzelinformationen erkennen.	Siehe B1.
	Kann die Absicht, Haltung, Meinung und Gefühle eines Sprechers erfassen.	Kann die Stimmung, Haltung und den Ton der Sprechenden richtig erfassen, auch wenn dies nur implizit zum Ausdruck kommt.
	Kann die Hauptpunkte in Radio- oder Nachrichtensendungen zu vertrauten Themen verstehen.	Kann im Radio die meisten Dokumentarsendungen verstehen.
	Kann Durchsagen und einfache technische Anleitungen (z. B. Bedienungsanleitungen, detaillierte Wegbeschreibungen) verstehen.	Kann Ankündigungen und Mitteilungen zu konkreten und abstrakten Themen verstehen.
Textsorten	z. B. Interviews, Reportagen, Nachrichten, Wetterberichte, Verkehrsdurchsagen, Berichte, Ansagen, Ansprachen, Werbung, Gespräche … (siehe auch A1-A2)	Siehe B1. Außerdem: Diskussionen

Lesen

	B1	B2
Leseverstehen allgemein	Kann unkomplizierte Sachtexte verstehen über **Themen**, die **mit seinen / ihren Erfahrungen und Interessen** in Zusammenhang stehen. Kann **einfache Geschichten** verstehen.	Kann sehr selbstständig lesen und verfügt über einen großen Lesewortschatz. Kann Texte zu **allgemeinen Themen** und zeitgenössische **literarische Prosa** verstehen.
Spezifische Kompetenzen	Kann private Briefe verstehen, in denen von Ereignissen, Gefühlen und Wünschen berichtet wird.	Siehe B1.
	Kann in einfachen Sachtexten, kurzen offiziellen Dokumenten, einfachen Zeitungsartikeln und formellen Briefen Haupt- und Einzelaussagen auffinden und verstehen.	Kann bei langen und komplexen Texten die Hauptaussagen erfassen und wichtige Einzelinformationen auffinden und verstehen.
	Kann in klar geschriebenen Texten die Argumentation erfassen und die wesentlichen Schlussfolgerungen erkennen.	Kann Artikel und Berichte über Probleme der Gegenwart lesen und verstehen, in denen die Schreibenden eine bestimmte Haltung oder einen bestimmten Standpunkt vertreten. Kann den Gedankengang und die Schlussfolgerungen verstehen.
	Kann bei einfachen Texten Meinungen, Absichten und die Funktion des Dokuments erkennen.	Kann implizite Inhalte von Texten erkennen.
	Kann klar formulierte Anweisungen zur Bedienung eines Geräts verstehen. Kann den Sinn unbekannter Wörter aus dem Kontext erschließen.	Siehe B1.
Textsorten	z. B. Zeitungsartikel, Internetforen, Prospekte, Broschüren, Briefe, Leserbriefe, Umfrageergebnisse, Webseiten, Buchbesprechungen, Berichte, Interviews, einfache Auszüge aus literarischen Texten … (siehe auch A1-A2)	Siehe B1.

Schreiben

	B1	B2
Schriftliche Produktion allgemein	Kann **unkomplizierte**, zusammenhängende Texte zu vertrauten Themen verfassen. Kann von persönlichen Erfahrungen und Eindrücken berichten.	Kann klare, **detaillierte** Texte zu verschiedenen Themen verfassen und dabei Informationen wiedergeben und Argumente gegeneinander abwägen. Kann die persönliche Bedeutung von Ereignissen und Erfahrungen beschreiben.
Spezifische Kompetenzen	Kann Erfahrungsberichte schreiben, in denen Gefühle und Reaktionen in einem einfachen, zusammenhängenden Text beschrieben werden. Kann eine Beschreibung eines realen oder fiktiven Ereignisses oder einer kürzlich unternommenen Reise verfassen.	Kann klare, detaillierte und zusammenhängende Beschreibungen realer oder fiktiver Ereignisse verfassen.
	Kann eine Geschichte erzählen.	Siehe B1.
	Kann Gedanken zu einem allgemeinen Thema (z. B. Musik, Film) ausdrücken.	Kann eine Rezension eines Filmes, Buches oder Theaterstückes verfassen.
	Kann kurze Berichte schreiben, in denen Sachinformationen weitergegeben und Gründe für Handlungen angegeben werden. Kann dazu Stellung nehmen. Kann einen kurzen Aufsatz zu einem Thema von allgemeinem Interesse schreiben und seine / ihre Meinung dazu äußern.	Kann in einem logisch strukturierten Aufsatz oder Bericht etwas erörtern, dabei Gründe für oder gegen einen Standpunkt angeben und die Vor-und Nachteile erläutern.
	Kann einen persönlichen Brief schreiben und darin Neuigkeiten mitteilen und detailliert über Erfahrungen, Gefühle, Personen und Ereignisse berichten.	Kann in Briefen verschieden starke Gefühle zum Ausdruck bringen, die persönliche Bedeutung von Ereignissen und Erfahrungen hervorheben sowie Mitteilungen und Ansichten der Korrespondenzpartner kommentieren.
	Kann einen einfachen formellen Brief zu einem vertrauten Thema verfassen (z. B. Bewerbung um eine Au-pair-Stelle, eine Anfrage oder Reservierung)	Siehe B1.
Textsorten	Briefe, Berichte, Artikel für eine Zeitung der Schule, Bewerbungsschreiben, Internetforum, Leserbrief …	Siehe B1.

Sprechen

	B1	B2
Mündliche Produktion allgemein	Kann ein breites Spektrum **einfacher sprachlicher Mittel** einsetzen, um sich über **alltägliche Themen** und auch **naheliegende allgemeine Themen** (z. B. Filme, Musik) zu äußern.	Kann sich spontan und **fließend verständigen** und über ein recht breites Spektrum **allgemeiner Themen** sprechen.
Zusammenhängendes monologisches Sprechen	Kann einen Artikel, einen Vortrag, ein Interview oder eine Dokumentarsendung zusammenfassen und dazu Stellung nehmen.	Kann detaillierte Informationen zu verschiedenen Themen zuverlässig weitergeben.
	Kann sich zu einfachen gesellschaftliche Themen sowie über vertraute Themen zusammenhängend äußern, Beschreibungen oder Berichte geben und seine / ihre Meinung kurz erläutern und begründen.	Kann zu einem breiten Themenspektrum detaillierte Beschreibungen und Berichte geben, sofern sie einen Bezug zur eigenen Lebenswelt haben.
	Kann detailliert über eigene Erfahrungen berichten und die eigenen Gefühle und Reaktionen beschreiben und begründen. Kann Träume, Hoffnungen und Pläne beschreiben und begründen. Kann relativ flüssig unkomplizierte Geschichten oder Beschreibungen wiedergeben. Kann reale oder fiktive Ereignisse schildern. Kann eine Biographie, ein Buch oder einen Film vorstellen und die eigenen Reaktionen beschreiben und erklären.	Kann etwas klar erörtern, indem er / sie die eigenen Standpunkte ausführlich darstellt und durch Unterpunkte und geeignete Beispiele stützt. Kann seine / ihre Argumentation logisch aufbauen und verbinden. Kann seinen / ihren Standpunkt zu einem Problem klären und die Vor- und Nachteile verschiedener Alternativen angeben.
	Kann eine vorbereitete, unkomplizierte Präsentation zu einem vertrauten Thema klar vortragen. Kann Nachfragen aufgreifen.	Kann eine logisch strukturierte, vorbereitete Präsentation vortragen. Kann flüssig und spontan eine Reihe von Nachfragen aufgreifen.

An Gesprächen teilnehmen	Kann ohne Vorbereitung an Gesprächen über vertraute Themen teilnehmen.	Kann sich so spontan und fließend verständigen, dass ein normales Gespräch mit einem Muttersprachler gut möglich ist. Kann sich aktiv an längeren Gesprächen über die meisten Themen von allgemeinem Interesse beteiligen.
Spezifische Kompetenzen	Kann die meisten Dienstleistungsgespräche bewältigen und kommt in den gängigen Alltagssituationen zurecht.	Siehe B1.
	Kann persönliche Meinungen und Gedanken ausdrücken und erfragen.	Kann die eigene Ansicht durch relevante Erklärungen, Argumente und Kommentare begründen und verteidigen.
	Kann Nachrichten übermitteln und dabei die wichtigsten Punkte hervorheben.	Siehe B1.
	Kann Lösungsmöglichkeiten für praktische Probleme diskutieren.	Kann Hypothesen aufstellen und auf Hypothesen anderer reagieren.
	Kann Sachinformationen austauschen.	Siehe B1.
	Kann Gefühle wie Überraschung, Freude, Trauer, Gleichgültigkeit, usw. ausdrücken und auf entsprechende Gefühlsäußerungen reagieren.	Kann verschieden starke Gefühle ausdrücken und die persönliche Bedeutung von Ereignissen und Erfahrungen hervorheben.
	Kann in einem Interviewgespräch konkrete Auskünfte geben.	Kann in einem Interviewgespräch Gedanken ausführen und entwickeln.
Situative Einbettung	z. B. Planung einer Aktivität, Lösung eines Problems, Diskussion.	Vortrag und Diskussion.

1.2.2 Themen

In der Perspektive des handlungsorientierten Ansatzes des GeR vollzieht sich die Kommunikation immer im Rahmen von bestimmten Lebensbereichen (Domänen) und Situationen. Daraus ergeben sich die thematischen Schwerpunkte der DELF-Prüfungen.

A1 – A2

Im Mittelpunkt der elementaren Sprachverwendung A1 und A2 stehen konkrete Themen, wie sie bei der routinemäßigen Bewältigung von Alltagssituationen zum Beispiel in den Ferien, beim Austausch oder in der Schule vorkommen können.

Typische Themenfelder der DELF-Prüfungen A1 – A2 sind:
Angaben zur Person
Familie und Freunde
Wohnen
Freizeit, Sport, Musik und Kultur
Feiern und Feste
(M)eine Stadt
Schule (Fächer, Stundenplan, Schulformen)
Ausbildung (nur A2, sehr einfache Wörter)
Mahlzeiten, Essen und Trinken, Kochrezepte
Einkaufen und Geschäfte
Kleidung
Körper und Gesundheit
Medien (Fernsehen, Film, Internet…)
Tourismus: Ferien und Verreisen
Austausch
Verkehr und Verkehrsmittel
Wetter
Natur und Tiere
Umwelt (nur A2, einfache Wörter, vorwiegend rezeptiv)
Berufe
Arbeit, Arbeitssuche, Praktikum (nur A2, einfache Wörter, vorwiegend rezeptiv)

B1 – B2

Bei der selbstständigen Sprachverwendung wird der Wortschatz zu den unter A1 – A2 genannten Themenfeldern vertieft.
Außerdem werden die kommunikativen Aufgaben umfassender: angemessene Reaktionen auf Unvorhergesehenes, Gespräche über allgemeine Themen, Argumente, Kommentare, Erklärungen, das Darlegen der eigenen Meinung, von Träumen, Plänen und Zielen rücken in den Vordergrund.
Der Wortschatz erweitert sich schrittweise um Themenfelder von allgemeiner Bedeutung. Die Schwerpunkte liegen bei folgenden Themen:

B1
Menschliche Persönlichkeit und menschliche Beziehungen, Jugend und Erwachsenwerden, Reisen und Tourismus, Medien und Kommunikation, Computer und Internet, Schule und Ausbildung, Arbeitswelt und Bewerbung, Klima und Umweltprobleme, Konsum und Geld, Freizeit, Kultur und kulturelle Veranstaltungen.

B2
Aktuelle gesellschaftliche Themen, soziale Probleme, Recht und Kriminalität, kulturelle Unterschiede, Politik und Verwaltung, Europa und Internationales, Wirtschaft, Religion und Philosophie, Kunst und Kultur.

Ein in Zusammenarbeit von verschiedenen französischen Ministerien und in Anlehnung an den Referenzrahmen entwickeltes *Référentiel* in 4 einsprachigen Bänden für die französische Sprache unterscheidet für die Kompetenzstufen A1 bis B2 insgesamt zwanzig Themenbereiche, die sich dann weiter untergliedern lassen:

1. *L'être humain*
2. *Perception et sentiments*
3. *Identité et état civil*
4. *Éducation*
5. *Profession et métier*
6. *Loisirs, distractions, sports*
7. *Médias, information*
8. *Habitat*
9. *Transports et voyages*
10. *Gîte et couvert : hôtel, restaurant*
11. *Nourriture et boissons*
12. *Commerce et courses*
13. *Services publics et privés*
14. *Santé*
15. *Relations familiales, sociales et associations*
16. *Langue*
17. *Environnement géographique, faune, flore, climat*
18. *Vie sociale et actualité*
19. *Notions, idées, cognition*
20. *Sciences et techniques*

Diese Aufstellung hat jedoch den Nachteil, dass sie die thematische Progression beim Aufbau der sprachlichen Kompetenzen kaum berücksichtigt, keine thematischen Schwerpunkte setzt und daher für die unterrichtliche DELF-Vorbereitung nur beschränkt einsetzbar ist. Einige der genannten Themen sind beispielsweise für die Stufen A1 oder A2 kaum relevant.
Unterschieden wird bei dieser Themenauflistung für die einzelnen Niveaustufen hauptsächlich hinsichtlich der Bandbreite und dem Nuancenreichtum des verfügbaren Wortschatzes.
Eine lernergerechte Aufbereitung der typischen DELF-Themen bietet daher zum Beispiel der ***Thematische Schulwortschatz Französisch A1-B2*** (Stuttgart: Klett), der sich an der thematischen Progression der Kompetenzstufen orientiert und eine systematische Vorbereitung auf das *DELF scolaire und junior* erleichtert. An der Universität oder in Sprachschulen bietet der ***Thematische Grund- und Aufbauwortschatz Französisch*** (Stuttgart: Klett) eine passende Vorbereitung auf das *DELF tout public*.
Die Erarbeitung und Wiederholung von Themenfeldern im Unterricht ist in der Regel recht zeitraubend. Die Arbeit mit einem Themenwortschatz, in dem das für Lerner relevante Wortmaterial bereits thematisch zusammengestellt und aufbereitet ist, bedeutet eine erhebliche zeitliche Entlastung und lässt im Unterricht mehr Spielraum für das Einüben der DELF-Kompetenzen.

Das Wortschatzspektrum für die einzelnen Kompetenzstufen ergibt sich aus den sprachlichen Situationen, die auf dem jeweiligen Niveau bewältigt werden müssen sowie den erwarteten sprachlichen Kompetenzen (siehe oben).
Das bedeutet, dass der Wortschatz auf dem Niveau A1 zu den relevanten Themenfeldern nur einzelne elementare Wörter und Wendungen umfasst und dann von Kompetenzstufe zu Kompetenzstufe erweitert wird.

Wortschatzspektrum DELF

A1	Verfügt über einen elementaren Vorrat an einzelnen Wörtern und Wendungen, die sich auf bestimmte konkrete Situationen, auf persönliche Dinge und Bedürfnisse konkreter Art beziehen.
A2	Verfügt über genügend Wortschatz, um elementare Kommunikationsbedürfnisse und einfache Grundbedürfnisse befriedigen zu können. Verfügt über einen ausreichenden Wortschatz, um Alltagssituationen mit vorhersehbaren Inhalten zu bewältigen.
B1	Verfügt über einen ausreichend großen Wortschatz, um sich mit Hilfe von einigen Umschreibungen über die meisten Themen des eigenen Alltags äußern zu können, z. B. Interessen, aktuelle Ereignisse, kulturelle Themen (wie Musik oder Filme).
B2	Verfügt über einen großen Wortschatz in den meisten allgemeinen Themenbereichen. Kann Formulierungen variieren, um häufige Wiederholungen zu vermeiden; Lücken im Wortschatz können dennoch zu Zögern und Umschreibungen führen.

(Aus: *Gemeinsamer Europäischer Referenzrahmen für Sprachen: lernen, lehren und beurteilen.* S. 35, Klett-Langenscheidt)

Eine Auflistung aller nötigen sprachlichen Mittel würde in diesem Rahmen zu weit führen. Die grammatischen und phonologischen Kompetenzen entsprechen im Wesentlichen der Progression in den Lehrwerken zum Fach Französisch.

1.2.3 Musterbeispiele für die Progression von DELF A1 bis B2

Die Progression bei den geforderten Kompetenzen von *DELF scolaire et junior* A1 bis B2 soll im Folgenden durch Ausschnitte der neuen Prüfungsformate ab 2020 aus den *Übungsheften 100% DELF* zum Thema Freizeit, Hobbies, Kultur und Sport veranschaulicht werden.

Die Progression bei den geforderten Kompetenzen von *DELF tout public* B1-B2 werden durch Ausschnitte zum Thema « L'être humain » veranschaulicht.

https://www.klett-sprachen.de/pruefungen/franzoesisch/c-2365

A1

1 Compréhension de l'oral

25 points

Vous allez écouter plusieurs documents : Il y a 2 écoutes.
Avant chaque écoute, vous entendez le son suivant :
Dans les exercices 1, 2, 3 et 5, pour répondre aux questions, cochez ☒ la bonne réponse.

▶ EXERCICE 1

4 points

Lisez les questions. Écoutez le document puis répondez.
Vous êtes en France, vous entendez ce message sur votre répondeur.

1. Anatole vous propose… — *1 point*
   - A ☐ de jouer au foot.
   - B ☐ de voir un match au stade.
   - C ☐ de voir un match à la télévision.

2. Quel tee-shirt allez-vous porter ? — *1 point*
   - A ☐
   - B ☐
   - C ☐

3. Vous devez aussi prendre… — *1 point*
   - A ☐
   - B ☐
   - C ☐

4. Où est le rendez-vous ? — *1 point*
   - A ☐ Au parc.
   - B ☐ Devant chez vous.
   - C ☐ Devant la maison d'Anatole.

A2

1 Compréhension de l'oral

25 points

Vous allez écouter plusieurs documents : Il y a 2 écoutes.
Avant chaque écoute, vous entendez le son suivant :
Dans les exercices 1, 2 et 3, pour répondre aux questions, cochez ☒ la bonne réponse.

▶ EXERCICE 1

6 points

Vous écoutez des annonces publiques.

DOCUMENT 1

Lisez la question. Écoutez le document puis répondez.

1. Dans cette école, on peut prendre des cours de… — *1 point*
   - A ☐
   - B ☐
   - C ☐

B1

1 Compréhension de l'oral

25 points

Vous allez écouter plusieurs documents : Il y a deux écoutes.
Avant chaque écoute, vous entendrez le son suivant :
Pour répondre aux questions, cochez ☒ la bonne réponse.

▶ EXERCICE 1

7 points

Vous écoutez une conversation.
Lisez les questions. Écoutez le document puis répondez.

1 Ils ont construit le bateau avec des matières… *1 point*

- **A** ☐ recyclées.
- **B** ☐ d'occasion.
- **C** ☐ haute technologie.

2 Beaucoup de personnes leur ont dit… *1 point*

- **A** ☐ « C'est génial ! »
- **B** ☐ « C'est incroyable ! »
- **C** ☐ « C'est impossible ! »

3 Pour passer 6 semaines sur un bateau, il faut… *1,5 point*

- **A** ☐ de l'autorité.
- **B** ☐ de l'humour.
- **C** ☐ de la patience.

B2

Compréhension de l'oral

▶ EXERCICE 3

Vous allez écouter 1 fois 3 documents.

DOCUMENT 3

Lisez les questions. Écoutez le document puis répondez.

5 Le 26 juillet 2024, les athlètes vont défiler… *1 point*

- **A** ☐ sur la Seine.
- **B** ☐ sur les rives de la Seine.
- **C** ☐ dans un immense stade.

6 Pour cette cérémonie d'ouverture, les sportifs défileront… *1,5 point*

- **A** ☐ dans l'après-midi.
- **B** ☐ à partir de 20 h 00.
- **C** ☐ en dernière partie de soirée.

A1

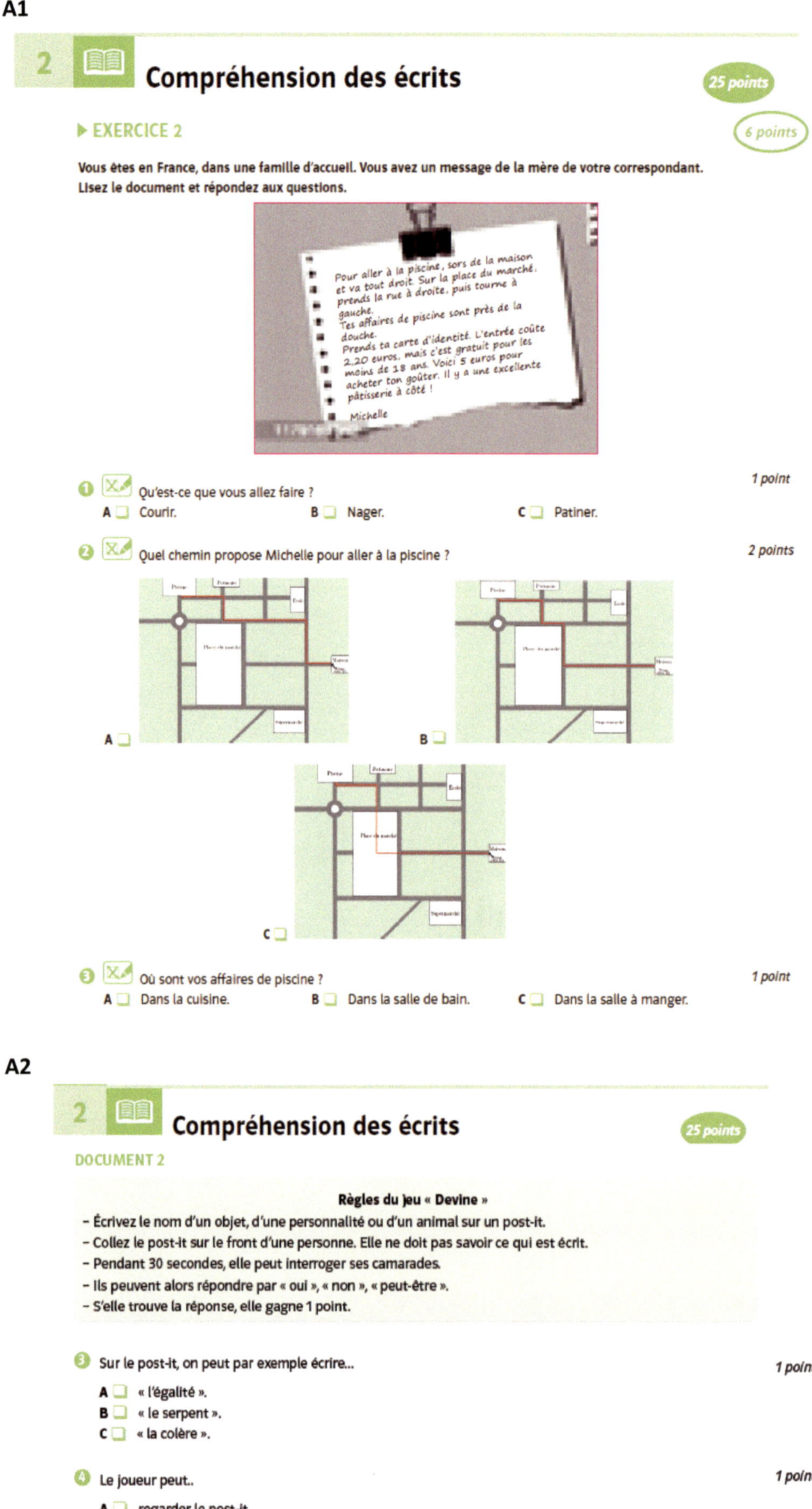

2 Compréhension des écrits

25 points

▶ EXERCICE 2 *6 points*

Vous êtes en France, dans une famille d'accueil. Vous avez un message de la mère de votre correspondant. Lisez le document et répondez aux questions.

Pour aller à la piscine, sors de la maison et va tout droit. Sur la place du marché, prends la rue à droite, puis tourne à gauche.
Tes affaires de piscine sont près de la douche.
Prends ta carte d'identité. L'entrée coûte 2,20 euros, mais c'est gratuit pour les moins de 18 ans. Voici 5 euros pour acheter ton goûter. Il y a une excellente pâtisserie à côté !

Michelle

❶ Qu'est-ce que vous allez faire ? *1 point*

A ☐ Courir. B ☐ Nager. C ☐ Patiner.

❷ Quel chemin propose Michelle pour aller à la piscine ? *2 points*

A ☐ B ☐ C ☐

❸ Où sont vos affaires de piscine ? *1 point*

A ☐ Dans la cuisine. B ☐ Dans la salle de bain. C ☐ Dans la salle à manger.

A2

2 Compréhension des écrits

25 points

DOCUMENT 2

Règles du jeu « Devine »

- Écrivez le nom d'un objet, d'une personnalité ou d'un animal sur un post-it.
- Collez le post-it sur le front d'une personne. Elle ne doit pas savoir ce qui est écrit.
- Pendant 30 secondes, elle peut interroger ses camarades.
- Ils peuvent alors répondre par « oui », « non », « peut-être ».
- S'elle trouve la réponse, elle gagne 1 point.

❸ Sur le post-it, on peut par exemple écrire... *1 point*

A ☐ « l'égalité ».
B ☐ « le serpent ».
C ☐ « la colère ».

❹ Le joueur peut.. *1 point*

A ☐ regarder le post-it.
B ☐ prendre son temps pour réfléchir.
C ☐ poser un maximum de questions.

B1

2 Compréhension des écrits

25 points

▶ EXERCICE 1

8 points

0,5 point par bonne réponse, 0 point si les deux cases « oui » et « non » sont cochées

Vous êtes dans l'équipe d'un site web. Vous devez choisir la une qui s'affichera en première sur la page d'accueil et qui correspond aux critères suivants :
- **un article de société**
- **prouvé**
- **concret**
- **qui interroge l'opinion des lecteurs.**

Vous comparez ces articles. Pour chaque article, cochez ☒ OUI si cela correspond au critère ou NON si cela ne correspond pas.

Blessé dans l'équipe des Bleus

Pendant le magnifique match France-Espagne la semaine dernière, un célèbre joueur de l'équipe des bleus a été blessé. On pourrait croire à un énième blessé dans la pratique de ce sport, comme cela arrive souvent,mais cette fois, le joueur a été blessé par un supporter espagnol qui n'a pas supporté que son équipe perde à domicile. Avec la vidéo, il est facile de savoir objectivement ce qu'il s'est réellement passé. Mais la question que tout le monde se pose est : Comment cela a-t-il pu arriver ? Voici notre analyse.

Blessé dans l'équipe des Bleus	oui	non
Article de société	❑	❑
Prouvé	❑	❑
Concret	❑	❑
Interroge l'opinion des lecteurs	❑	❑

B2

2 Compréhension des écrits

25 points

▶ EXERCICE 3

7 points

Un quotidien a posé cette question à ses lecteurs et lectrices : Êtes-vous pour ou contre l'interdiction de la chasse le week-end ? Lisez les réponses des trois lecteurs et lectrices ci-dessous.

Émile

Pour ma part, je suis favorable à cette mesure. Pour moi, la chasse est un loisir démodé, qui ne correspond plus à notre époque. Certes, il y a encore un million de chasseurs en France, mais ce nombre est en déclin continu, alors qu'il y a un nombre incalculable de promeneurs et de sportifs de tous âges qui veulent profiter de la nature. Selon un récent sondage, deux Français sur trois ne se sentent pas en sécurité quand ils marchent ou font du vélo en pleine nature en période de chasse. Je trouve ça anormal. Tout le monde devrait pouvoir profiter de petits plaisirs simples, comme cueillir des châtaignes ou des champignons, sans avoir la boule au ventre !

Lucien

Je ne sais pas trop quoi en penser de mon côté. Mon oncle est chasseur. Il m'a expliqué que ces dernières années, les accidents de chasse étaient en baisse et qu'ils touchaient surtout les chasseurs eux-mêmes. Pour plus de sécurité, le port du gilet fluorescent est devenu obligatoire depuis 2020 en cas de chasse au gros gibier. On pourrait également interdire totalement la consommation d'alcool. L'idée, pour moi, c'est de responsabiliser le plus possible cette pratique. Et puis, si on interdit la chasse le week-end, comment feront les actifs ? La moitié des chasseurs sont des retraités, ils peuvent chasser en semaine mais les autres ne pourront pas tous prendre un jour de congé ou une RTT...

Pauline

Je vis en campagne, je me sens donc très concernée par ce débat. Je m'oppose clairement à cette pratique et je suis pour son interdiction totale le week-end. Il faut bien garder à l'esprit que la chasse n'est pas un loisir comme un autre. Elle peut être mortelle, y compris pour les non-pratiquants. Les fusils ont une portée de plusieurs kilomètres de distance. Les habitants, les cyclistes ou les automobilistes ne sont pas à l'abri d'une balle perdue. Un jeune de 25 ans a par exemple été tué chez lui, alors qu'il coupait du bois. C'est scandaleux ! N'oublions pas non plus qu'un sanglier blessé peut causer des accidents de la route...

À quelle personne associez-vous chaque point de vue ?
Pour chaque affirmation, cochez ☒ la bonne réponse.

❶ Les armes de chasse sont trop puissantes. *1 point*

A ❑ Émile
B ❑ Lucien
C ❑ Pauline

A1

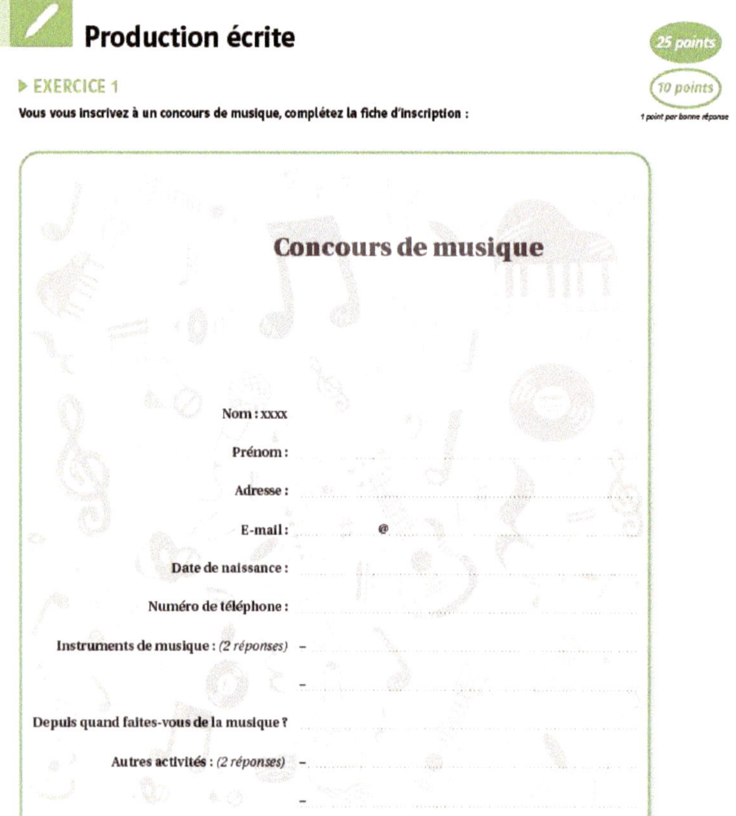

3 **Production écrite** 25 points

▶ EXERCICE 1 10 points

Vous vous inscrivez à un concours de musique, complétez la fiche d'inscription : *1 point par bonne réponse*

Concours de musique

Nom : xxxx

Prénom :

Adresse :

E-mail : @

Date de naissance :

Numéro de téléphone :

Instruments de musique : *(2 réponses)* –

–

Depuis quand faites-vous de la musique ?

Autres activités : *(2 réponses)* –

–

A2

3 **Production écrite** 25 points

▶ EXERCICE 2 12 points

Vous avez reçu ce message :

Nouveau Message

Fichier Édition Affichage Insertion Format Outils Message ?

Envoyer Enregistrer Imprimer Joindre Contacts

De : Nicolas@free.fr

Objet : la Bretagne

Salut!

Comment ça va ? Moi, super ! J'ai passé mes vacances en Bretagne. J'ai vu beaucoup de choses intéressantes comme le Mont-Saint Michel et j'ai aussi essayé le surf. J'aimerais bien faire un album avec des photos et des textes. Malheureusement c'est la première fois que je fais une telle activité. Je sais que tu as déjà fait un album sur Paris. Tu peux me donner des conseils ? Réponds-moi vite.

Nicolas

Vous répondez à Nicolas.

Vous lui donnez des conseils pour réaliser un album photo.

60 mots minimum

Nouveau Message

Fichier Édition Affichage Insertion Format Outils Message ?

Envoyer Enregistrer Imprimer Joindre Contacts

De : Nicolas@free.fr

Objet : RE : la Bretagne

B1

Production écrite

Vous lisez cet article.

LA LECTURE OUI, MAIS AVEC UN ÉCRAN

« Avec les smartphones, livres électroniques, tablettes de toutes tailles, la lecture n'a jamais été aussi présente dans notre quotidien. Jamais on n'a autant lu qu'aujourd'hui... Plusieurs types de lecture existent depuis toujours mais aujourd'hui se développent des lectures différentes selon le support utilisé. »

Vous décidez d'écrire un article sur votre blog à ce sujet. Vous parlez de votre propre expérience et vous présentez votre opinion sur le sujet.

160 mots minimum

B2

Production écrite

25 points

L'activité physique chez les jeunes
Vous lisez un article dans « Paf Boum Mag », votre magazine préféré :

D'après de récentes études, un jeune sur cinq regarde la télévision ou un écran quelconque au moins 4 heures par jour. Il y a d'ailleurs clairement un lien entre l'écran, le surpoids et la pratique sportive régulière. Même les ados qui pratiquaient une activité sportive régulière pendant leur enfance l'abandonnent fréquemment lors du passage à l'adolescence, surtout les filles. Les études montrent également qu'un ado inactif devient plus souvent un adulte inactif. Ces 4 heures d'écran par jour, sont-elles acceptables ou les jeunes devraient-ils se bouger plus ?

Vous décidez d'écrire au courrier des lecteurs pour répondre à cette question restée ouverte en expliquant votre avis. Vous donnez des arguments et des exemples de votre connaissance. Vous rédigez un texte construit et cohérent.

250 mots minimum

A1

Production orale

Préparation : 10 minutes Passation : 5 à 7 minutes

Dialogue simulé ou jeu de rôle avec préparation

2 minutes environ

Vous tirez au sort 2 sujets et vous en choisissez 1.

Le genre masculin est utilisé pour alléger le texte. Vous pouvez naturellement adapter la situation en adoptant le genre féminin

EX. 3 SUJET 1

AU CLUB DE VACANCES

Vous êtes dans un club de vacances à Menton. Vous êtes le/la client(e).
Vous demandez des informations sur les activités que le club propose (prix et horaires) et vous choisissez. Pour payer, vous disposez de photos de pièces de monnaie et de billets.
N'oubliez pas de saluer et d'utiliser des formules de politesse.

L'examinateur jour le rôle de l'employé.

A2

Production orale

Préparation : 10 minutes Passation : 6 à 8 minutes

Monologue suivi avec préparation

2 minutes environ

Vous tirez au sort 2 sujets et vous en choisissez 1. Vous vous exprimez sur le sujet. L'examinateur peut ensuite vous poser des questions complémentaires.

Le genre masculin est utilisé pour alléger le texte. Vous pouvez naturellement adapter la situation en adoptant le genre féminin.

EX. 2 SUJET 2

LOISIRS

Quelle(s) activité(s) faites-vous dans votre temps libre ? Vous préférez des activités à la maison comme des jeux de société ou plutôt des activités dehors comme aller au cinéma ou au musée ?

B1

Production orale

Préparation : 10 minutes **Passation : 10 à 15 minutes**

Exercice en interaction sans préparation

3 à 4 minutes

Vous tirez au sort deux sujets et vous en choisissez un. Vous jouez le rôle qui vous est indiqué.

Le genre masculin est utilisé pour alléger le texte. Vous pouvez naturellement adapter la situation en adoptant le genre féminin.

EX. 2 SUJET 1

SPORT ENTRE AMIS

Vous souhaitez choisir un sport pour vous et votre ami(e) l'année prochaine. Vous en discutez avec lui/elle mais vous n'êtes pas d'accord sur le genre de sport, le jour et l'heure. Discutez-en et trouvez une solution.

L'examinateur joue le rôle de l'ami.

B2

Production orale

Préparation : 30 minutes **Passation : 20 minutes**

Exercice en interaction sans préparation

10 à 13 minutes

Débat

Vous défendrez votre point de vue au cours du débat avec l'examinateur.

Le genre masculin est utilisé pour alléger le texte. Vous pouvez naturellement adapter la situation en adoptant le genre féminin.

EX. 2 SUJET 1

POUR OU CONTRE LES VACANCES ENTRE ADOS AVANT 15 ANS

Ça leur prend vers l'âge de 14 ou 15 ans, à l'approche des grandes vacances d'été, cette première envie d'évasion, loin des parents. Une semaine au camping avec une bande de copains, une maison à l'autre bout de la France, prêtée par les parents d'un camarade, ou encore un voyage sac au dos à l'étranger avec un(e) ami(e)… Les vacances en famille ne l'intéressent plus vraiment, votre ado a envie de voler de ses propres ailes. C'est bien connu, les voyages forment la jeunesse. Pourtant, ce désir d'indépendance est vécu avec inquiétude par bon nombre de parents. Depuis quelques années, les vacances avec les parents se généralisent, au détriment des autres formes de voyages encadrés (colonies, camps de vacances, séjours linguistiques). Si les raisons de cette préférence pour les vacances en famille sont avant tout économiques, les séjours sans les parents sont de plus en plus tardifs. Pourtant, les spécialistes le disent : l'ado a besoin qu'on lui fasse confiance pour faire ses propres expériences et devenir autonome.

© leparisien.fr, 11 juillet 2014

B1

1 Compréhension de l'oral

Vous allez écouter plusieurs documents : Il y a deux écoutes.
Avant chaque écoute, vous entendrez le son suivant : 🔔
Pour répondre aux questions, cochez ☒ la bonne réponse.

▶ EXERCICE 1

Vous écoutez une conversation.
Lisez les questions. Écoutez le document puis répondez.

❶ Quel est le sujet de cette conversation ? *1 point*

- A ☐ Les livres.
- B ☐ La retraite.
- C ☐ Les seniors.

❷ Les deux interlocutrices sont des personnes… *1 point*

- A ☐ actives.
- B ☐ seniors.
- C ☐ retraitées.

❸ Dans les statistiques, qui appelle-t-on « seniors » ? *1 point*

- A ☐ Les retraités.
- B ☐ Les plus de 75 ans.
- C ☐ Les grands-parents.

B2

Compréhension de l'oral

Vous allez écouter plusieurs documents.
Avant chaque écoute, vous entendez le son suivant : 🔔
Pour répondre aux questions, cochez ☒ la bonne réponse.

▶ EXERCICE 1

Vous allez écouter 2 fois un document. Vous écoutez une émission à la radio.
Lisez les questions, écoutez le document puis répondez.

❶ La personne interviewée est… *1 point*

- A ☐ enseignante-chercheuse.
- B ☐ spécialiste en archéologie.
- C ☐ responsable du Museum national d'histoire naturelle.

❷ D'après elle, quand sont apparus nos premiers ancêtres ? *1,5 point*

- A ☐ Il y a 7 millions d'années.
- B ☐ Il y a 2,8 millions d'années.
- C ☐ Il est impossible de dater leur apparition.

❸ On apprend que les singes… *1,5 point*

- A ☐ ont énormément changé au fil du temps.
- B ☐ se sont transformés lentement en Hommes.
- C ☐ ressemblent trait pour trait à leurs lointains ancêtres.

B1

2 Compréhension des écrits

▶ EXERCICE 1

8 points

0,5 point par bonne réponse

Vous avez des problèmes de dos. Votre médecin vous donne un prospectus et vous recommande de pratiquer au moins un de ces quatre exercices quotidiennement. Choisissez l'exercice le plus adéquat. Vous devez vous entrainer à vous tenir correctement quand vous êtes assis, vous avez besoin d'un exercice qu'on peut faire au bureau, vous devez vous muscler les épaules et votre médecin vous a recommandé de bien vous échauffer avant.

Vous comparez ces options. Pour chaque option, cochez ☒ OUI si cela correspond au critère ou NON si cela ne correspond pas.

N°1

Commencez par vous échauffer correctement. Pour ce faire, tournez la tête de gauche à droite, puis inversement pendant 2 à 3 minutes. Refaites de même en levant et baissant la tête. Asseyez-vous sur une chaise, le dos bien droit contre le dossier, ceci vous apprendra aussi à bien vous tenir. Ensuite, l'idéal pour muscler vos épaules est un exercice de rotation. Prenez dans chaque main un petit poids comme une petite bouteille d'eau, tendez vos bras et tournez les poids de gauche à droite le plus loin possible. Faites au moins trois séries de 10 pour avoir un bon résultat.

N°1	oui	non
❶ Bien se tenir	❑	❑
❷ À faire au bureau	❑	❑
❸ Muscler les épaules	❑	❑
❹ Bien s'échauffer	❑	❑

B2

2 Compréhension des écrits

▶ EXERCICE 3

Comprendre le point de vue d'une locutrice ou d'un locuteur francophone

Vous lisez l'opinion de ces 3 personnes sur un forum français dont le sujet est « Quel est votre rapport à la mode ? »

Morgane

Tous mes amis adorent les vêtements de marque. Moi-même, j'aime bien prendre soin de mon apparence et m'acheter régulièrement de beaux habits. Par contre, je n'achète que des vêtements de seconde main, pour des raisons financières et surtout par conviction écologique. L'industrie textile est l'un des plus polluantes, c'est donc très important de ne pas entrer dans une spirale de surconsommation et de gaspillage, surtout que la mode change vite et que les marques jouent sur nos envies de nouveautés. Je fais des braderies et je récupère les vêtements de ma cousine, que je donne à mon tour quand je n'en veux plus. Avoir une garde-robe bien remplie n'empêche pas de consommer de manière responsable.

Hugo

Quand j'achète un habit, ma priorité n'est pas d'être à la mode. Je fais attention aux couleurs, aux matières, à la qualité et je vérifie surtout que je me sens à l'aise en le portant. Je ne supporte pas les pulls qui grattent ou les jeans trop serrés. J'achète parfois des vêtements de marque pendant les soldes, pour me faire plaisir sans me ruiner. Malheureusement, je suis moins raisonnable avec les baskets : je collectionne les modèles de marque. Je suis prêt à dépenser une somme astronomique pour une paire qui me plaît. Et je me dispute régulièrement avec mes parents qui se demandent comment je peux dépenser mon argent de poche aussi vite !

Flora

Moi, je m'intéresse beaucoup à la mode, je lis des revues pour me tenir au courant des nouvelles tendances et j'achète assez souvent des vêtements de marque. Quand je m'habille bien, je me sens mieux dans ma peau, plus confiante. Cela me permet de m'affirmer, de lutter contre ma timidité. Je fais souvent les magasins avec ma mère. Elle n'approuve pas tous mes goûts vestimentaires, mais on finit toujours par trouver un terrain d'entente. Cela nous permet surtout de partager de bons moments ensemble. On essaie plein d'habits, on discute, on s'amuse comme des petites folles. J'adore ces instants d'insouciance.

À quelle personne associez-vous chaque point de vue ?
Pour chaque affirmation, cochez ☒ la bonne réponse.

❶ Les vêtements d'occasion sont économiques. *1 point*

A ❑ Morgane
B ❑ Hugo
C ❑ Flora

❷ Le shopping est une activité divertissante. *1 point*

A ❑ Morgane
B ❑ Hugo
C ❑ Flora

B1

3 Production écrite

Votre ami a l'hépatite C, une maladie très grave. il existe des médicaments, mais ils sont très chers. Pour une guérison, il faut compter 60 000 €. Son médecin hésite à lui prescrire le médicament à cause des coûts pour l'assurance maladie.
Vous décidez d'écrire au courrier des lecteurs d'un journal pour exposer la situation et pour exprimer votre opinion face à ce problème de santé publique.
Votre texte sera construit et cohérent.

160 mots minimum

B2

3 Production écrite

Vous êtes de plus en plus nombreux à critiquer ces publicités qui valorisent le culte du corps pour vendre des produits ou objets de consommation qui, en réalité, abiment notre santé, tels que la nourriture industrielle ou les loisirs électroniques.
Vous publiez sur Internet un appel à destination des publicitaires pour que leurs messages commerciaux incitent également les consommateurs-clients à « bouger » et à prendre soin de leur santé plutôt que de l'apparence de leur corps.

250 mots minimum

B1

Production orale

Préparation : 10 minutes Passation : 10 à 15 minutes

DÉROULEMENT DE L'ÉPREUVE :
L'épreuve comporte trois parties. Avant le début de l'épreuve, vous tirez au sort deux sujets pour la partie 3. Vous en choisissez un. Ensuite, vous disposez de 10 minutes pour préparer cette partie. Lors de la passation, les trois parties s'enchaînent.

2 Exercice en interaction sans préparation

3 à 4 minutes

Vous tirez au sort deux sujets et vous en choisissez un. Vous jouez le rôle qui vous est indiqué.

Le genre masculin est utilisé pour alléger le texte. Vous pouvez naturellement adapter la situation en adoptant le genre féminin.

EX. 2 SUJET 2

CHIRURGIE ESTHÉTIQUE

Depuis que vous êtes jeune, vous rêvez d'avoir un autre nez. Vous trouvez le vôtre trop grand et trop gros. Votre conjoint connaît votre problème, mais il vous assure qu'il trouve votre nez très charmant. Un jour pourtant, vous lui dites que vous avez décidé de vous faire opérer. Vous lui expliquez une nouvelle fois votre mal-être en espérant qu'il comprenne votre décision, mais il a beaucoup de mal.
(L'examinateur joue le rôle du conjoint.)

B2

Production orale

Préparation : 30 minutes Passation : 20 minutes

Vous dégagerez le problème soulevé par le document que vous avez choisi. Vous présenterez votre opinion sur le sujet de manière claire et argumentée et, si nécessaire, vous la défendrez au cours du débat avec l'examinateur.

Le genre masculin est utilisé pour alléger le texte. Vous pouvez naturellement adapter la situation en adoptant le genre féminin.

SUJET 2

LA SIESTE : 20 MINUTES POUR SE RÉGÉNÉRER

Dormir après le déjeuner : un rêve … Impensable pour la plupart des « actifs ».
[…] Depuis la fin des années 1990, le directeur du Centre de réhabilitation psychiatrique d'une université américaine étudie les bienfaits de cette coupure antistress qu'on appelle la sieste. Elle favoriserait la mémorisation et, par une remise à neuf du cerveau, permettrait de mieux apprendre de nouvelles informations. D'autres études avancent que, grâce à ces vingt minutes de repos vers 14 heures, les performances intellectuelles augmenteraient de 20 % ! Et ses fervents défenseurs soulignent qu'elle libère la créativité.
[…] Cette bienheureuse parenthèse, qui nous accorde de retrouver notre corps pour mieux le quitter le temps d'une petite phase de sommeil, serait un signe de maturité, selon une neuropsychiatre d'un hôpital parisien. « On devient adulte quand on aime faire la sieste. Enfant, on nous y obligeait. Et à l'adolescence, on préfère se coucher tard et se lever tard. » Toutefois, en abuser peut au contraire signaler une régression, comme celle du dépressif qui cache ses angoisses sous l'oreiller pour les faire taire.

1.3 Ein DELF-Diplom - wozu?

Es gibt zahlreiche Gründe das DELF-Diplom zu erwerben. Heutzutage soll unseren Lernern eine europäische und internationale Zukunftsperspektive für die Universitäten und das Berufsleben ermöglicht werden. Hierfür ist das DELF-Diplom ein Wegbereiter in einer Zeit mit vielfältigen Möglichkeiten und Angeboten.

1.3.1 Französisch lernen heute

Die französische Sprache ist offizielle Sprache in fast 50 Ländern. Es ist die offizielle Sprache der Vereinten Nationen, des Roten Kreuzes und zahlreicher anderer internationaler Institutionen. Französisch wird von mehr als 200 Millionen Personen auf 5 Kontinenten gesprochen. Der Erwerb von Französischkenntnissen ist eine Chance, die zu ergreifen sich lohnt. Denn der Gebrauch der französischen Sprache beschränkt sich nicht nur auf Frankreich: die Frankophonie ist eine Realität! Die Erfahrung zeigt, dass das Erlernen der französischen Sprache in Deutschland auch dann von Vorteil ist, wenn man nicht nach Frankreich reist. Um in einer französischen Firma in Deutschland zu arbeiten, ist es immer wünschenswert, Französisch sprechen zu können. Auch bei der Teilnahme an europäischen Universitätsprogrammen in Deutschland sollte man Deutsch, Englisch und Französisch sprechen können.
Wenn man sich entscheidet, in Deutschland zu bleiben aber international erfolgreich sein möchte, ist der Gebrauch des Französischen wichtiger als man denkt. An den Universitäten wird eine Großzahl an Französischkursen angeboten und spätestens hier wird klar, dass es sich lohnt, diese Sprache früher oder später zu lernen!

1.3.2 Die Anerkennung von Französisch-Sprachkenntnissen

Ein DELF-Diplom bedeutet die nationale und internationale Anerkennung von Französisch-Sprachkenntnissen der Lerner:

- Das DELF ist ein staatliches Diplom, das vom französischen Erziehungsministerium ausgestellt wird.
- Es ist lebenslänglich gültig.
- Das Diplom garantiert eine nationale und inernationale Mobilität an Universitäten und im Berufsleben. Das DELF B2 ist ein Diplom, das von den meisten französischen Universitäten als Einschreibungsvoraussetzung verlangt wird.
- Es ist eine Bereicherung für den Lebenslauf. Ein Nachweis der französischen Sprache bei einem Bewerbungsgespräch für ein Praktikum oder einen Job in einem frankophonen Land ist immer von Vorteil.

Ein DELF-Diplom ist ein Beleg für den Erfolg des Französischlernens:

- Die Anstrengungen und der Erfolg der Lerner lassen sich an verschiedenen Lernstufen der französischen Sprache messen. Die Niveaus sind voneinander unabhängig, die Lerner können die verschiedenen Niveaus des DELF unabhängig voneinander erwerben.
- Es handelt sich um eine sehr angesehene Prüfung, die von großer Bedeutung für die Zukunft der Lerner ist.
  Der Vorteil zeigt sich erstmals mit der Abiturprüfung, wo das Französisch schriftlich oder mündlich abgeprüft wird.
- Die Prüfungssituation erzeugt zwar immer Stress, aber je mehr man mit solch einer Situation konfrontiert ist, desto geringer wird der Stress in Prüfungssituationen.
- Bei dem Diplom handelt es sich um ein offizielles Dokument, das international anerkannt ist. Die Teilnahme an der Prüfung ist freiwillig und nicht verpflichtend, das Engagement der Lerner ist ein Bonus in seiner Lernbiographie.

- Es ist empfehlenswert, die Lerner zum Erlernen der französischen Sprache zu motivieren und Kompetenzen in dieser Sprache zu erlangen. Hier geht es nicht um Noten und das Wissen der Lerner: Die Erfahrung zeigt, dass sie sehr stolz sind, wenn sie dieses Diplom erlangen (berechtigterweise!). Sie sehen das DELF Diplom als Medaille oder Sporttrophäe an, als Belohnung für geleistete Arbeit und nicht als Zusatzbelastung.

Ein DELF-Diplom ist ein pägagogisches Engagement, das schulische Anerkennung garantiert:
- Immer mehr Schulen bieten diesen Typ der offiziellen Zertifizierung an (das Cambridge für die englische Sprache, das DELE für die spanische Sprache, etc.) Das DELF folgt dem gleichen Prinzip in ganz Deutschland.
- Für die Sprachwahl ihrer Kinder (und dies gilt auch manchmal für die Schulwahl), sind sich die Eltern immer mehr dieses Kriteriums bewusst: Es wird geschaut, ob die betreffende Schule dem Kind die Chance ermöglicht, sich auf Sprachdiplome vorzubereiten.
- Die Programme des Sprachunterrichts basieren auf dem Gemeinsamen Europäischen Referenzrahmen für Sprachen, genauso das DELF, das im schulischen Rahmen einen konsequenten Platz im Schulcurriculum haben sollte: Die Mehrheit der Lehrpläne verweist auf das DELF, daher ist es folgerichtig, wenn die Schule den Erwerb der DELF-Diplome als angestrebtes Ziel des Französischunterrichts anbietet.
- Wie jeder weiß, ist es die Schule, die den Lernenden die gleichen Chancen zum Erfolg ermöglicht. Wenn die Schule keine DELF-Vorbereitung anbietet, kann ein Großteil der Lerner an diesem Typ der Zertifizierung nicht teilhaben.

Die Erfahrung zeigt, dass ein offizielles Diplom der überzeugendste Weg ist,
seine Sprachkenntnisse unter Beweis zu stellen. Das DELF ist aktuell das einzige Dokument, das diesem internationalen Anspruch gerecht wird. Es ist daher ein einzigartiger Kenntnisnachweis für die Lerner bezüglich ihrer universitären und berufsorientierten Zukunftsprojekte.

2 Die DELF-Prüfungen A1 – B2

2.1 Organisation, Ablauf und Dauer

2.1.1 Anmeldung

In Deutschland wird das DELF vom Institut Français Deutschland organisiert, welches derzeit um die 20 Prüfungszentren in ganz Deutschland führt.

Jedes Zentrum bietet eine oder mehrere Prüfungssequenzen pro Jahr an.

Um sich anzumelden oder das nächst gelegene Zentrum zu finden, hilft folgende Internetadresse des Institut Français Deutschland weiter: http://www.institutfrancais.de/DELF-DALF

Nach Anmeldung erhalten die Prüflinge eine Anmeldebestätigung mit den Daten der Prüfung. Vorsicht: Das Datum der schriftlichen Prüfung unterscheidet sich manchmal von dem der mündlichen Prüfung. Dies hängt von den Prüfungszeiten und Prüfungszentren ab.

Attention !

Es wird empfohlen, die Daten der Prüflinge der Einschreibedokumente zu prüfen. Falls Fehler vorhanden sind, muss dies schnellstmöglichst dem Prüfungszentrum gemeldet werden, damit diese korrigiert werden. Dies ist sehr wichtig, da sonst falsche Informationen auf dem Diplom der Prüflinge stehen. Jedes Diplom wird nur einmal gedruckt, daher ist es unmöglich, die Korrektur und die Neuausstellung sofort vorzunehmen.

2.1.2 Der Prüfungstag

- Schritt 1: Die Lerner kommen 30 Minuten vor Beginn am Prüfungsort an.
- Schritt 2: Sie haben ihren Ausweis, Ihre Einladung und einen Stift dabei.
- Schritt 3: Sie überprüfen die Schreibweise ihres Namens und unterschreiben das Anmeldeformular.
- Schritt 4: Der Betreuer erklärt den Ablauf der Prüfungen und verteilt die Kopien.
- Schritt 5: Die Lerner füllen die erste Seite aus:
- der "code candidat" befindet sich auf der Einladung. Sie schreibe es ab, eine Zahl pro Feld.
- Sie schreiben ihren Namen und Vornamen auf. Beide Informationen werden ausgeblendet, so dass die Korrektur anonym bleibt.

Während der Prüfungen ist es verboten, mit anderen Prüflingen zu sprechen, Wörterbücher sind verboten und das Mobiltelefon muss ausgeschaltet und aufgeräumt werden.

2.1.2.1 Die neue schriftliche Prüfung ab 2020

Die schriftliche Prüfung besteht für die Niveaus A1 bis B2 aus 3 Teilen:
- Das Hörverstehen
- Das Leseverstehen
- Die Textproduktion.

Die Prüfung beginnt immer mit dem Hörverstehen. Dann können die Lerner frei entscheiden, wie sie weitermachen: Entweder mit dem Leseverstehen oder der Textproduktion.

Art der schriftlichen Prüfungen: die neuen Prüfungsformate sind rot hervorgehoben

	Compréhension de l'oral (Hörverstehen)	*Compréhension des écrits* (Leseverstehen)	*Production écrite* (Schreiben)
A1	Antworten auf Verständnisfragen zu mehreren sehr kurzen Hördokumenten geben, die sich auf Alltagssituationen beziehen. (2 Hördurchgänge) Maximale Dauer der Hördokumente: 3 Minuten	Antworten auf Verständnisfragen zu mehreren Lesetexten geben, die sich auf Alltagssituationen beziehen.	2-teilige Prüfung: - Einen Bogen / ein Formular ausfüllen - Texte mit einfachen Sätzen zu Alltagsthemen verfassen (Postkarten, Nachrichten, Beschreibungen, etc.).
A2	Antworten auf Verständnisfragen zu mehreren kurzen Hördokumenten geben, die sich auf Alltagssituationen beziehen. (2 Hördurchgänge) Maximale Dauer der Hördokumente: 5 Minuten.	Antworten auf Verständnisfragen zu mehreren kurzen Lesetexten geben, die sich auf Alltagssituationen beziehen.	Verfassen von 2 kurzen Texten (Brief an einen Freund oder einer Freundin oder einer Freundin oder Nachricht): - Ein Ereignis oder persönliche Erfahrungen beschreiben - eine Einladung / Dankeskarte / Entschuldigung, Information, einen Glückwunsch… schreiben
B1	Antworten auf Verständnisfragen zu mehreren Hördokumenten geben (2 Hördurchgänge). Maximale Dauer der Hördokumente: 6 Minuten	Antworten auf Verständnisfragen zu mehreren Lesetexten geben: - Wichtige Informationen aus einem Text zu vorgegebenen Fragen entnehmen ; - Den Inhalt eines Dokuments über eine Alltagssituation analysieren	Eine persönliche Einstellung / Meinung zu einem Alltagsthema verfassen (Aufsatz, Brief, Artikel…)
B2	Antworten auf Verständnisfragen zu mehreren Hördokumenten geben: (Maximum 2 Hördurchgänge). Maximale Dauer aller Hördokumente: 15 Minuten	Antworten auf Verständnisfragen zu zwei Lesetexten geben.	Eine persönliche Stellungnahme (Argumentation) verfassen (eine Stellungnahme zu einer Debatte, formeller Brief, kritischer Artikel…)

Dauer der schriftlichen Prüfungen: die neuen Prüfungsdauer sind rot hervorgehoben

	A1	A2	B1	B2
Compréhension de l'oral (Hörverstehen)	ca. 20 Minuten	ca. 25 Minuten	ca. 25 Minuten	30 Minuten
Compréhension des écrits (Leseverstehen)	30 Minuten	30 Minuten	45 Minuten	1 Stunde
Production écrite (Schreiben)	30 Minuten	45 Minuten	45 Minuten	1 Stunde
Durée totale des épreuves collectives (Gesamtdauer aller Prüfungsteile)	1 Stunde 20 Minuten	1 Stunde 40 Minuten	1 Stunde 55 Minuten	2 Stunden 30 Minuten

2.1.2.2 Die mündliche Prüfung

Schritt 1: Die Lerner kommen 30 Minuten vor Beginn am Prüfungsort an.
- Schritt 2: Sie haben ihren Ausweis, ihre Einladung und einen Stift dabei.
- Schritt 3: Sie überprüfen die Schreibweise ihres Namens und unterschreiben das Anmeldeformular.

Sie grüßen die Prüfer und Prüferinnen, wenn sie den Raum betreten. Es gibt zwei Prüfer oder Prüferinnen. Eine Person spricht mit den Prüflingen und stellt Fragen; die andere Person schreibt Notizen zu dem, was die Prüflinge sagen. Sie schreibt die Fehler und die Erfolge auf.

Während der Prüfungen sind Wörterbücher verboten, das Mobiltelefon muss ausgeschaltet und aufgeräumt werden. Der Prüfer oder die Prüferin gibt den Prüflingen ein leeres Extrablatt. Am Ende habe ich keine Papiere.

	A1	A2	B1	B2
Préparation (Vorbereitung)	10 Minuten	10 Minuten	10 Minuten (der 2. Teil der Prüfung wird nicht vorbereitet: Das Thema wird vom Prüfer oder von der Prüferin während der Prüfung vorgegeben)	30 Minuten
Passation de l'examen (Durchführung der Prüfung)	5 bis 7 Minuten	6 bis 8 Minuten	15 Minuten	20 Minuten

Infografie

Im Falle eines offensichtlichen Betrugs, des Betrugsversuchs oder der Aufdeckung des Betrugs zum Zeitpunkt der Korrektur riskieren die Prüflinge:
- die Annullierung ihrer Ergebnisse;

- das Verbot, die Prüfung für mehrere Jahre zu bestehen;
- strafrechtliche Sanktionen für die schwerwiegendsten Fälle.

2.2 Aufgabenarten der Prüfungen A1 – B2

Alle Examensaufgaben sind Aufgaben, die dem handlungsorientierten Ansatz des Gemeinsamen Europäischen Referenzrahmens entsprechen. Dies bedeutet:

- Es handelt sich immer um eine authentische Aufgabe: Die Prüflinge müssen sich in einer plausiblen Alltagssituation wiederfinden.
- Jeder Übung liegt ein vorgegebener Kontext zugrunde: Jede Übung hat einen Titel, der der Übung einen realen Kontext verleiht, in dem sich die Prüflinge wiederfinden.

Aus den genannten Gründen findet man niemals Fragen oder Übungen zu folgenden Bereichen im DELF:

- Zur Grammatik
- Zum Wortschatz
- Zur Syntax
- Übersetzungen
- Lückentexte
- Abbrufen außerlinguistischer Fertigkeiten und Kenntnisse (Geschichte, Kultur, etc.)

Die DELF-Aufgaben haben ein präzises Format, bestimmte Strukturen sind systematisch vorgegeben. Dadurch wird eine genauere Evaluierung der erwarteten Leistung möglich. Eine gezielte Vorbereitung auf die Aufgabenformate und ein intensives Training sind daher nötig.

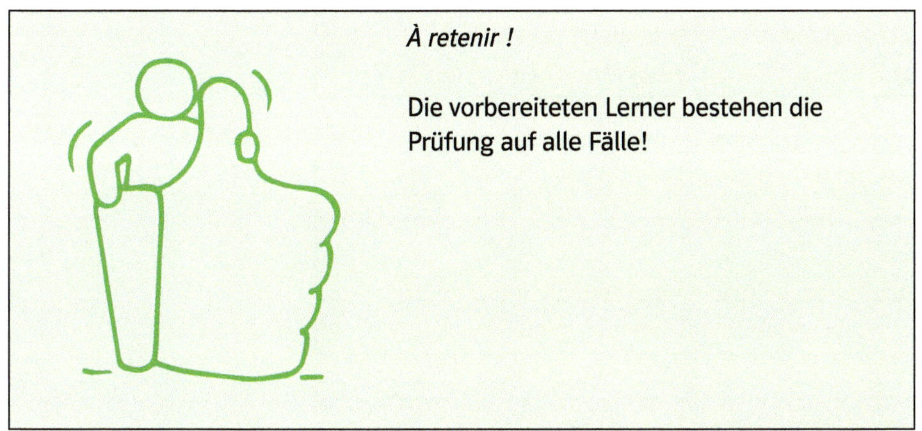

À retenir !

Die vorbereiteten Lerner bestehen die Prüfung auf alle Fälle!

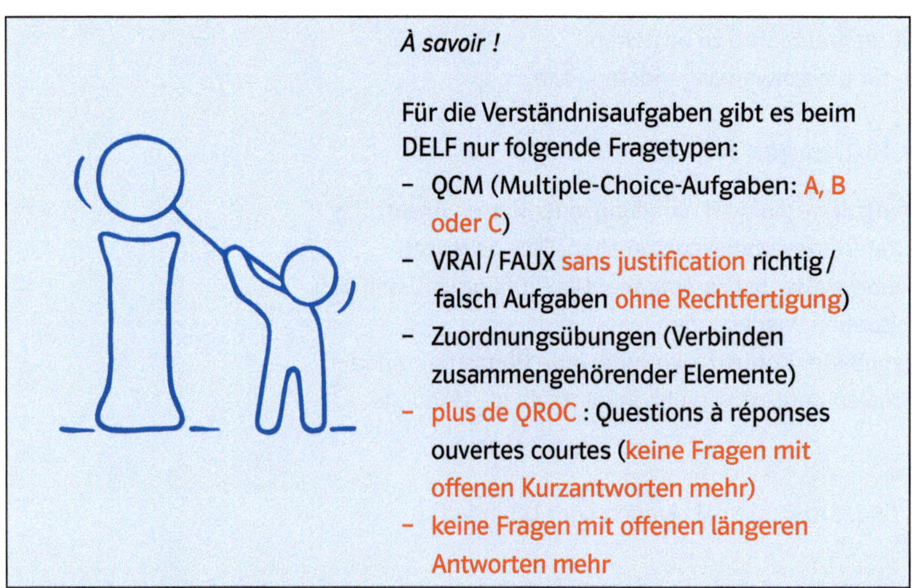

À savoir !

Für die Verständnisaufgaben gibt es beim DELF nur folgende Fragetypen:

- QCM (Multiple-Choice-Aufgaben: A, B oder C)
- VRAI / FAUX sans justification richtig / falsch Aufgaben ohne Rechtfertigung)
- Zuordnungsübungen (Verbinden zusammengehörender Elemente)
- plus de QROC : Questions à réponses ouvertes courtes (keine Fragen mit offenen Kurzantworten mehr)
- keine Fragen mit offenen längeren Antworten mehr

Beispiele für die Aufgabenformate pro Niveau finden Sie ab S. 24.

2.2.1 Hörverstehen

2.2.1.1 Die neuen Prüfungsformate ab 2020

Niveau	Aufgabenarten
A1	**5 Übungen - 5 Hördokumente - 21 Items** - 1 zusätzliche Übung - 4 zusätzliche Items - nur noch Multiple-Choice-Aufgaben mit A, B und C - Übung 4: 2 Illustrationen entsprechen keiner Situation
A2	**4 Übungen - 14 Hördokumente - 22 Items** - mehr kürzere Hördokumente - 1 zusätzliches Item - nur noch Multiple-Choice-Aufgaben mit A, B und C - Übung 4: 2 Situationen entsprechen keinem Dialog
B1	**3 Übungen - 3 Hördokumente - 20 Items** - Übung 1: etwas längeres Hördokument - Übung 3: etwas kürzeres Hördokument - nur noch Multiple-Choice-Aufgaben mit A, B und C
B2	**3 Übungen - 5 Hördokumente - 20 Items** - eine Übung mehr - Übung 3: 3 kurze Hördokumente mit nur 1 Hördurchgang - mehr kürzere Hördokumente - nur noch Multiple-Choice-Aufgaben mit A, B und C

2.2.1.2 Wie sollen die Lerner vorbereitet werden?

Allgemein für alle 4 Kompetenzen:

- Für die Vorbereitungsphase können die Lehrkräfte verschiedene Strategien zum Einsatz bringen: „Lernen durch Lehren" (LdL) / „reciprocal teaching", autonomes Lernen oder kommunikativer Ansatz. Als nachhaltig für den Lernerfolg wirkt sich vor allem eine intensive Diskussion in Gruppen über die Strategien und Tipps. Die Lerner stellen dabei die wichtigsten Punkte der Prüfung / Anforderungen usw. vor.
- Der didaktische Ansatz für die Nachbereitungsphase ist gesamtgruppen- und lernerorientiert, d.h., dass die Lerner und die Lehrkraft im Anschluss an die erfolgten Teilprüfungen (Modell- oder Übungstests) gemeinsam die individuellen Leistungen der Lerner besprechen. Die Lehrkraft erarbeitet vor der Unterrichtseinheit einen Fragebogen mit den häufigsten Schwierigkeiten, die bei der Bearbeitung des jeweiligen Prüfungsteils auftreten können, z.B. Zeitproblem, Verständnis der Aufgabenstellung, fehlender Wortschatz, Stress beim Prüfungsteil Hörverstehen, fehlende Argumente/ Redemittel für den mündlichen Ausdruck usw. Die Lerner ergänzen den Fragebogen, sie können so reflektieren, wo die individuellen Schwächen, aber auch Stärken in der entsprechenden Fertigkeit liegen. Nach der Prüfungssimulation im Übungsheft *100% DELF* sollten die Lerner erneut evaluieren, wie sie ihren Lernfortschritt beurteilen.

TIPP: Zeit ist in Prüfungen häufig ein Problem. Die Lehrkraft weist die Lerner darauf hin, dass sie eine analoge Armbanduhr (Smartphones und iWatches sind nicht erlaubt) benutzen sollen, um die Bearbeitungszeit im Blick zu haben.

TIPP: Die Lehrkraft macht die Lerner während der Bearbeitung der Prüfungsteile auf die noch verbleibende Zeit aufmerksam, beispielsweise „Jetzt noch 10 Minuten" oder „Sie haben noch 5 Minuten. Vergessen Sie nicht, Ihre Lösungen auf den Antwortbogen zu übertragen."

TIPP: Mit dem kostenlosen Abstimmungstool Mentimeter kann die Lehrkraft bei einer größeren Gruppe eruieren, welcher Prüfungsteil noch einmal besonders intensiv im Unterricht geübt werden sollte. (siehe auch 3.1.2 Einsatz im Unterricht)

Das Hörverstehen muss aufgrund der Vielfalt der Dokumente verstärkt geübt werden. Die Sammlung *100% DELF* bietet eine große Auswahl an thematischen Übungen und unterschiedlichen Aufgabenformaten. Je mehr Hördokumente geübt werden, desto besser wird das Hörverstehen.

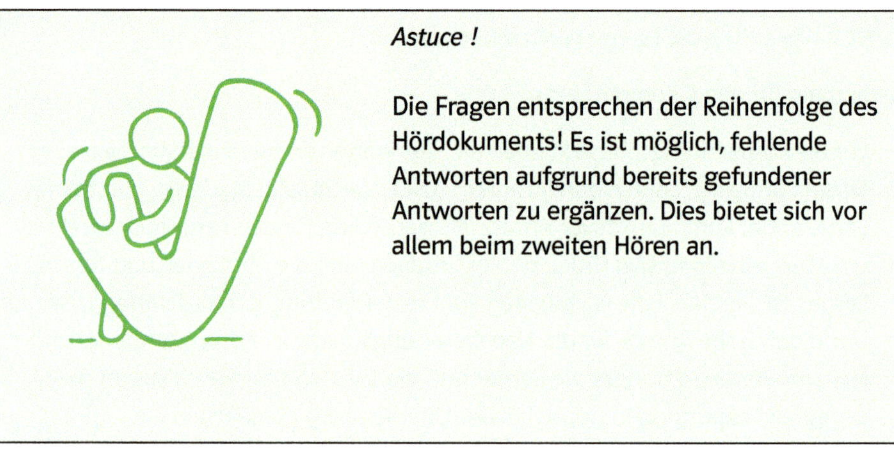

Astuce !

Die Fragen entsprechen der Reihenfolge des Hördokuments! Es ist möglich, fehlende Antworten aufgrund bereits gefundener Antworten zu ergänzen. Dies bietet sich vor allem beim zweiten Hören an.

Während der Übungsphasen können die Lerner die Hördokumente, falls nötig, mehr als zweimal anhören. Um sie bei den ersten Hörversuchen nicht zu verunsichern, kann ein Dokument 3 – 4 Mal vorgespielt werden. Das Lesen der Transkription der Hördokumente ist am Anfang nicht ratsam, da das Ohr und nicht das Leseverständnis trainiert werden soll und die Situation ansonsten künstlich und unauthentisch wird.

Für jede Niveaustufe haben die Lerner genügend Zeit, die Aufgabenstellung sorgfältig zu lesen. Es ist äußerst wichtig, dies gründlich und aufmerksam zu tun und die Aufgabenstellung genau zu beachten, denn es wird nicht erwartet, dass das Dokument in allen Einzelheiten verstanden wird, sondern die Aufgaben zielen auf das Globalverständnis oder das selektive Erfassen einiger wesentlicher Details ab.

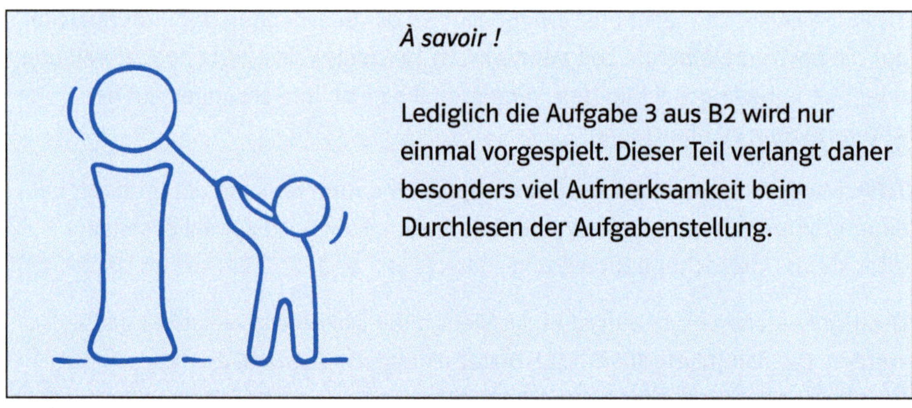

À savoir !

Lediglich die Aufgabe 3 aus B2 wird nur einmal vorgespielt. Dieser Teil verlangt daher besonders viel Aufmerksamkeit beim Durchlesen der Aufgabenstellung.

Zwischen den beiden Hördurchgängen und nach dem zweiten Hördurchgang ist Zeit, um die Antworten zu überprüfen. Diese Zeit soll unbedingt genutzt werden. Sie dient z. B. zur Überprüfung der Fragen und Antworten (z. B. Habe ich logisch geantwortet?)

Manchmal entstehen Flüchtigkeitsfehler, die schnell zu Punktverlust führen. Daher muss die Fragestellung immer wieder durchgelesen werden: Vor dem Hör-verstehen, zwischen den Hörvorgängen und am Ende, um die Antworten zu überprüfen.

Während der Prüfung dürfen die Prüflinge Konzeptpapier benutzen. Dies kann jederzeit benutzt werden und für die höheren Niveaus macht es sogar Sinn, sich zunächst Notizen beim Hörverstehen zu machen, bevor die Antworten geschrieben werden.

Praktisches Vorgehen mit digitalen Tools

Mögliche Ausstattung: Tafel, Interaktives Whiteboard, Smartphones/Tablets (der Lerner)

TIPP: Auf A1-Niveau wird häufig nach Zahlen, Uhrzeiten, Tageszeiten, Orten oder Gegenständen gefragt.

Vorbereitungsphase

Integrieren Sie eine Vorentlastungsphase bevor Sie mit dem Hörtext der Prüfung starten. Informieren Sie beispielsweise über Textsorten (Interview, Ansagen, private Gespräche, Telefonate usw.) oder lassen Sie den thematischen Wortschatz als Vorbereitung auf den Hörtext erarbeiten. Lassen Sie die Lerner ihre Erwartungen an den Hörtext formulieren, z.B. mithilfe eines Bildimpulses (Niveau B-). Nach dem Hörtext können die Lerner Erwartungen und Gehörtes abgleichen. Schauen Sie sich die Aufgaben mit den Lernern gemeinsam an und markieren Sie Schlüsselwörter in den Aufgaben/Fragen. Sensibilisieren Sie die Lerner dann für unterschiedliche Hörstile: *Global:* Die Lerner sollen sich auf die Situation konzentrieren (z.B. Geräusche, Ansagen im Hintergrund, Personen) und erkennen, um welche kommunikative Situation es sich handelt, z.B. Radioansage, Telefonat, Nachricht auf der Mailbox, Durchsage am Bahnhof/Flughafen, Interview. Lassen Sie das Thema formulieren: „Es geht um …".

TIPP: Erklären Sie, dass einzelne Wörter nicht unbedingt verstanden werden müssen. Es geht um das über geordnete Thema/die Hauptaussage, nicht um Details.

Selektiv: Spielen Sie das Audio erneut ab und lassen Sie die Lerner nach dieser Information beim Hören suchen.

TIPP: Die Lerner sollen Schlüsselwörter in der Aufgabe/Frage markieren und im Hörtext auf diese achten.

Detailliert: Präsentieren Sie den Lernern einen Hörtext, z.B. ein zusammenhängendes Interview und die dazugehörigen Aufgaben. Die Lerner müssen den ganzen Hörtext im Detail verstehen.

Prüfungssimulation

Die Lerner bearbeiten den Teil *Hörverstehen aus 100% DELF* unter Prüfungsbedingungen. Bei schwächeren Lerner ist es sinnvoll, dass sie die Lösungen gleich auf dem Antwortbogen markieren, um Zeit bei der Bearbeitung einzusparen und Fehler bei der Übertragung zu vermeiden.

Nachbereitungsphase

Teilen Sie erst jetzt die Transkripte der Hörtexte aus der Prüfungssimulation aus. Lassen Sie die Lerner den Hörtext rückblickend nachlesen und auch hier nochmal Schlüsselwörter unterstreichen, auf die sie zuvor in der Prüfungssimulation geachtet haben. Zu Hause könnten die Lerner die entsprechenden Hördateien noch einmal mit Transkript und ihren Unterstreichungen über allango individuell anhören.

2.2.2 Leseverstehen

2.2.2.1 Die neuen Prüfungsformate ab 2020

Niveau	Aufgabenarten
A1	**4 Übungen - 8 Lesedokumente - 20 Items** – Übung 3: Mehr Lesedokumente – mehr Multiple-Choice-Aufgaben mit Illustrationen – nur noch Multiple-Choice-Aufgaben mit A, B und C
A2	**4 Übungen - 11 Lesedokumente - 23 Items** – mehr längere Lesedokumente (außer in der Übung 4) – 3 zusätzliche Items – Übung 1: mehr Lesedokumente und Situationen – nur noch Multiple-Choice-Aufgaben mit A, B und C – Vrai/Faux-Aufgaben ohne Rechtfertigung
B1	**3 Übungen - 6 Lesedokumente - 30 Items** – eine Übung mehr – mehr kürzere Lesedokumente – Übung 1: weniger Items und mehr Lesedokumente und Situationen – nur noch Multiple-Choice-Aufgaben mit A, B und C – Vrai/Faux-Aufgaben ohne Rechtfertigung
B2	**3 Übungen - 5 Lesedokumente - 20 Items** – Übung 3: neue Übung mit neuem Format: die Sichtweise von 3 Personen zu einem Thema ermitteln – mehr kürzere Lesedokumente – Übung 1: weniger Items und mehr Lesedokumente und Situationen – nur noch Multiple-Choice-Aufgaben mit A, B und C

2.2.2.2 Wie sollen die Lerner vorbereitet werden?

Das sorgsame Lesen der Arbeitsanweisungen ist ein wichtiger Ausgangspunkt bei der Vorbereitung für die Prüfung. Für alle Niveaus gilt, dass sich Lerner oft zu schnell und zu unüberlegt an die Bearbeitung der schriftlichen Dokumente machen.
Aber Achtung: Nicht immer ist eine schnelle Antwort möglich! Manchmal handelt es sich um Zuordnungsaufgaben (einem Text muss ein Satz zugeordnet werden, für die Übung 1 von A2, z.B.) oder in Übungen zur Diskriminierung soll durch Ausschlussverfahren eine richtige Antwort herausgefunden werden: Übung 1 von B1, z.B.).

Für die längeren Texte gilt (z.B. bei Zeitungsartikeln), dass die Prüflinge zunächst den gesamten Text aufmerksam lesen, bevor sie die Aufgabenstellung lesen (im

Gegensatz zum Hörverstehen!). Die Erfahrung zeigt, dass die Prüflinge zunächst mit den Fragen beginnen, dann den Text lesen und nach wichtigen Informationen suchen, bevor sie den Inhalt und die globale Struktur des Dokuments verstanden haben. Diese Prüflinge verlieren viel Zeit bei solch einer Übung (und das Leseverstehen leidet dann darunter). Bei längeren Texten (B1 / B2) kann es sein, dass die Prüflinge am Text vorbeilesen. Die wichtigsten Elemente, die genannten Thesen oder gar die Artikulation des Textes entgehen ihnen vollständig.

Das Einüben dieser Arbeitsmethode ist daher unerlässlich und wichtig. Wenn es den Lernern hilft, können sie wichtige Elemente im Text unterstreichen, die logischen Verbindungen kennzeichnen oder gewisse Abschnitte, wenn nötig, anstreichen.

TIPP: Stellen Sie Methoden für effektives Unterstreichen und Markieren während des Lesens vor, z.B. unterschiedliche Stiftfarben oder Abkürzungen für Markierungen am Rand. Üben Sie das richtige Markieren. Lassen Sie die Lerner z.B. Informationen zur Hauptaussage unterstreichen, nach einer bestimmten Information suchen oder Meinungen im Text unterstreichen.

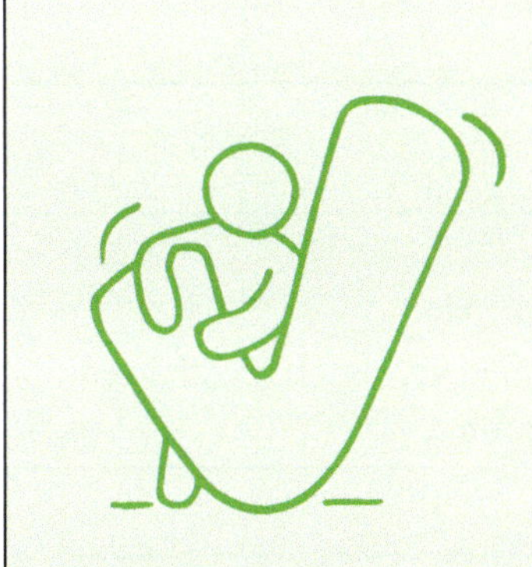

Astuce !

Einen Text beim ersten Mal aufmerskam und ruhig zu lesen ist eine Art, sich an den Text zu gewöhnen und sich an ihn heranzutasten. Es geht zunächst um ein Globalverstehen, dann um das Detailverstehen. Danach werden die Elemente für die Antwort herausgefiltert. Dies ist eine effektive Methode: Nun wissen die Lerner, wo im Text schnell nach den entsprechenden Antworten gesucht werden muss.

Praktisches Vorgehen mit digitalen Tools

Mögliche Ausstattung: Flipchart, Stifte, Interaktives Whiteboard, App Padlet, Tablets/Smartphone (Lerner)

Durchführung/Tipps (Methodische Skizzierung): Die Lehrkraft teilt die Lerner in Kleingruppen ein und lässt die einzelnen Teile Leseverstehen „von den Lernern, für die Lerner" nach dem Prinzip „Lernen durch Lehren" erarbeiten. Die Lehrkraft moderiert und ergänzt.

Vorbereitungsphase

Sensibilisieren Sie die Lerner für die unterschiedlichen Teile Leseverstehen. Jede Gruppe diskutiert Aufbau (Aufgabenstellung, Situierung, Beispiel, Antwortbogen usw.) sowie die individuellen Herangehensweisen an den jeweiligen Teil Leseverstehen: Was muss ich im Teil x machen? Wo liegen die Schwierigkeiten? Wie kann ich den Teil x besser bearbeiten? Mit welchen Übungen kann ich mich auf diesen Teil vorbereiten? Die Gruppen halten ihre Ergebnisse auf Plakaten fest. Alternativ können die Lerner ihre Ergebnisse digital gestalten z.B. mit der App *Padlet*, einer digitalen Pinnwand, an der mehrere Personen arbeiten können.

In einer Vortragsphase stellt jede Gruppe die auf Plakaten oder mithilfe der App digital festgehaltenen Lerninhalte im Plenum vor. Dabei sollen die zuhörenden Lerner einbezogen werden, indem sie der vortragenden Gruppe Fragen zu den Inhalten stellen oder Denkanstöße sowie ihre individuelle Herangehensweise beitragen. Die jeweilige Gruppe ergänzt das eigene (digitale) Plakat nach dem Vortrag um die neuen Punkte/Denkanstöße, die während der Präsentation aufgekommen sind. Die digitale Pinnwand kann danach über die App Padlet mit allen Lernern geteilt werden.

Nachbereitungsphase

Lassen Sie die Lerner in Partnerarbeit beispielhaft einen Text mit den individuellen Markierungstechniken besprechen. Die Lerner sollen begründen, warum sie die entsprechenden Stellen im Text markiert haben. Die Lerner erkennen ggf. stellenweise, dass sie zu viel unterstrichen haben und Zeit beim Lesen einsparen können.

2.2.3 Textproduktion

2.2.3.1 Aufgabenarten

Niveau	Aufgabenarten
A1	Zweiteiliger Prüfungsaufbau: - Einen Bogen, ein Formular ausfüllen - Einfache Sätze zu Alltagsthemen verfassen (Postkarten, Nachrichten, Beschreibungen, etc.)
A2	Verfassen von 2 kurzen schriftlichen Texten (Brief, Nachricht an einen Freund oder eine Freundin, Artikel für eine Zeitung in der Schule u. ä. …) - Ein Ereignis oder persönliche Erfahrungen beschreiben - Eine Einladung, ein Dankesbrief, eine Entschuldigung, eine Anfrage, eine Information, einen Glückwunsch … schreiben
B1	Eine persönliche Meinung zu einem allgemeinen Alltagsthema ausdrücken (Aufsatz, Brief, Artikel)
B2	Eine persönliche Stellungnahme verfassen (zu einer Debatte, einem Brief, einer Rezension…).

2.2.3.2 Wie sollen die Lerner vorbereitet werden? Praktisches Vorgehen

Ausgangspunkt dieser Übung ist es, die Arbeitsanweisung zu lesen! Es ist unbedingt nötig, alle Aspekte der Aufgabenstellung zu beachten, da alle Kriterien bewertet werden. Die Prüflinge können wichtige Wörter der Arbeitsanweisung unterstreichen oder umranden. Dies ist ein wichtiges Hilfsmittel, um beim Verfassen der Textes keine Informationen zu vergessen.

À retenir !

Jedes Element der Arbeitsanweisung wird bewertet. Es soll daher keines vergessen werden. Die Arbeitsanweisungen sollen aufmerksam gelesen werden, denn sie geben alle notwendigen Hilfestellungen zur Textproduktion, nicht mehr und nicht weniger.
Für jedes Niveau gilt:
- Das Format: Brief, Postkarte, formeller Brief (B2), etc.
- Der Kontext: Wer bin ich? Wo befinde ich mich? Mit wem bin ich zusammen?
- Der Adressat: An wen schreibe ich? Wer wird meinen Text lesen?
- Angestrebte Kompetenz: Erzählen, beschreiben, informieren, einladen, danken, Position beziehen, argumentieren, etc…?

Die Anzahl der zu schreibenden Wörter muss beachtet werden. Eine Abweichung von 10% nach oben oder unten liegt im Rahmen. Darüberhinaus gibt es Abzug für die Prüflinge.

À retenir !

Zum Wörterzählen:
Ein neues Wort wird gezählt, wenn zwischen zwei Wörtern eine Leertaste vorhanden ist.
Z.B.:
Je vais bien. = 3 Wörter (drei Leertasten)
C'est bien. = 2 Wörter (eine Leertaste zwischen dem Verb und « *bien* »)
C'est-à-dire = 1 Wort (keine Leertaste)

Die Durchführung dieses Teils kann etappenweise erfolgen: Wenn die Prüflinge einen Text nach *100% DELF* Kriterien verfasst haben, kann die Korrektur mit der Klasse exemplarisch anhand von einem Punkt durchgespielt werden. Dann kann dieses Vorgehen an einem zweiten, dritten, etc. Punkt vollzogen werden.

Z.B. :
Für das Niveau B2:
Die Lerner haben den verfassten Text vor Augen, es folgt eine kollektive Korrektur, eine halb-eigenständige Korrektur, d. h. zunächst werden den Prüflingen nacheinander die einzelnen Beurteilungskriterien erklärt. So verstehen sie diese am besten. Dann können die Lerner den Text eigenständig bearbeiten.

Praktisches Vorgehen mit digitalen Tools

Mögliche Ausstattung: Interaktives Whiteboard, Smartphone/Tablet (Lerner), App *GoConqr, XMind*

Durchführung/Tipps (Methodische Skizzierung): Die Lehrkraft führt in die verschiedenen Teile zum schriftlichen Ausdruck der jeweiligen Prüfung ein.

Vorbereitungsphase

Thematisieren Sie die verschiedenen Schreibanlässe der jeweiligen Prüfung, z.B. Meinungsäußerung, (in-)formeller Brief, (in-)formelle E-Mail, Forumsbeitrag usw. Analysieren Sie mit den Lernern ein Leistungsbeispiel auf dem entsprechenden Niveau. Halten Sie die Struktur (Anrede, Einleitung, Hauptteil/Argumentation, Schluss) am interaktiven Whiteboard. Lassen Sie die Lerner Redemittel, die dem Register des jeweiligen Schreibanlasses entsprechen, sammeln.

TIPP: Lassen Sie die Lerner digitale Mindmaps zu diesem Thema erstellen, z.B. mit der *App GoConqr*, um den Wortschatz zu erarbeiten.

Prüfungssimulation

Die Lerner erhalten Schreibanlässe und verfassen einen Beitrag unter Prüfungsbedingungen.

TIPP: Weisen Sie die Lerner darauf hin, dass Wörterbücher in den meisten Prüfungen nicht erlaubt sind.

TIPP: Erklären Sie den Lernern, dass sie alle Inhaltspunkte der Aufgabe bearbeiten müssen. Die Lerner können die Inhaltspunkte zur Kontrolle abhaken, wenn sie diese im Text verarbeitet haben. Oder andersherum: Lassen Sie die Lerner in einem Text mit unterschiedlichen Farben markieren, wo die Inhaltspunkte bearbeitet wurden.

Nachbereitungsphase

Nach der Simulation ist es wichtig, die Schreibleistungen zu begutachten. Dafür soll zuerst ein Blick auf die Bewertungskriterien geworfen werden (siehe ab Seite 53). Besprechen Sie die einzelnen Kriterien mit den Lernern. Wenden Sie die Bewertungskriterien beispielhaft (Leistungsbeispiele aus Vorbereitungsphase) an. Nachdem die Bewertungskriterien erklärt wurden, korrigieren die Lerner die Schreibleistung ihrer Partnerin/ihres Partners und versuchen, die Bewertungskriterien global anhand der folgenden Leitfragen und Aktivitäten anzuwenden:

1. Hat Ihre Partnerin/Ihr Partner alle Inhaltspunkte der Aufgabe im Text verarbeitet? Die Lerner markieren alle Sätze im Text der Partnerin/des Partners farbig, die zu einem Inhaltspunkt gehören.

2. Ist der Text logisch aufgebaut? Die Lerner markieren Einleitung, Hauptteil und Schluss im Text der Partnerin/des Partners.

3. Welche Fehler macht Ihre Partnerin/Ihr Partner häufig? Die Lerner markieren Fehler (Wortschatz, Strukturen) im Text der Partnerin/der Partners. Die Korrekturen werden in Partnerarbeit besprochen. Im Anschluss erstellen die Lerner in Einzelarbeit eine eigene Fehlerliste mit häufigen Fehlern.

TIPP: Erstellen Sie einen Mustertext mit häufigen Fehlern, die Sie bei Ihren Lernern im Unterricht festgestellt haben, und verarbeiten Sie diese in Ihrem Mustertext. So können Sie sicherstellen, dass die individuellen Fehler anonym besprochen werden. Machen Sie eine Fehlersuche, indem Sie die Lerner das Muster korrigieren lassen.

TIPP: Eine häufige Fehlerquelle ist die falsche Reihenfolge (Textaufbau: Einleitung, Hauptteil, Schluss). Schneiden Sie einen Mustertext auseinander und lassen Sie die Lerner diesen in die richtige Reihenfolge bringen. Auf höherem Sprachniveau wird auch bewertet, wie gut die Textteile verknüpft sind. Der korrekte Gebrauch von Konnektoren wie Konjunktionen, Präpositionaladverbien, Demonstrativpronomen usw. bringt den Lerner in der Bewertung Punkte.

2.2.4 Mündliche Sprachproduktion

2.2.4.1 Aufgabenarten

Niveau	Aufgabenarten
A1	Dreiteiliger Prüfungsaufbau: - *entretien dirigé* (gelenktes Gespräch) - *échange d'informations* (Austausch von Informationen) - *dialogue simulé* (simulierter Dialog)
A2	Dreiteiliger Prüfungsaufbau: - *entretien dirigé* (gelenktes Gespräch) - *monologue suivi* (Monolog) - *exercice en interaction* (Interaktionsaufgabe)
B1	Dreiteiliger Prüfungsaufbau: - *entretien dirigé* (gelenktes Gespräch) - *exercice en interaction* (Interaktionsaufgabe) - Stellung zu einem vorgegebenen Thema beziehen
B2	Seine Meinung zu einem kurzen Dokument präsentieren und vertreten

2.2.4.2 Wie sollen die Lerner vorbereitet werden?

Bis zum Niveau B1 ist das *entretien dirigé* (gelenktes Gespräch) eine wichtige Etappe für die Lerner. Nicht nur wegen der zu erreichenden Punkte, sondern um sich während der Prüfung wohl zu fühlen. Diese Übung muss auf alle Fälle vorab trainiert werden: Der eigene Präsentationstext kann schriftlich vorbereitet werden, er kann korrigiert werden, er kann zu Hause oder vor der Klasse mündlich wiederholt und vorgetragen werden. Bei guter Vorbereitung geht alles wie von selber und die Lerner können sich sicher sein, dass die Prüfung gut wird.

Auf allen Niveaustufen müssen die Lerner unbedingt zum Sprechen angeregt werden, sei dies vor der Klasse, in Kleingruppen oder mit der Lehrperson. Der Idealfall wären Probesprechanlässe, die an das jeweilige Niveau angepasst sind, bevor die richtige Prüfung folgt. Somit können letzte Unsicherheiten und Fragen vor der eigentlichen Prüfung geklärt werden.

Praktisches Vorgehen mit digitalen Tools

Simulieren Sie die mündliche Prüfung mit den Lernern. Geben Sie den Lernern Zeit zur Vorbereitung mit den Aufgabenblättern – sofern die entsprechende Prüfung auch eine Vorbereitungszeit vorsieht. Die Lerner sollten nur Stichpunkte und keine ganzen Sätze zum jeweiligen Thema notieren. Für die Prüfungssituation sitzen die Lerner zu zweit (Paarprüfung) zusammen. Spielen Sie den Prüfer oder die Prüferin und leiten Sie die Prüfungsteile für alle Lerner ein. Orientieren Sie sich am Moderationsleitfaden der jeweiligen Prüfung. Die Lerner simulieren in Partnerarbeit die verschiedenen Teile der mündlichen Prüfung.

TIPP: Nehmen Sie die ganze mündliche Prüfung oder die einzelnen Teile mit *Audacity* oder *Vocarroo*.

Nachbereitungsphase

Die Lerner sollen ihre eigene Leistung beurteilen und Feedback von anderen Lernern erhalten. Dabei ist es wichtig, zunächst die Stärken hervorzuheben „Das machst du schon gut".

TIPP: Spielen Sie den Vortrag (Audio oder Video), den Sie aufgenommen haben, ab. Lassen Sie den Partner/ die Partnerin die Inhalte zusammenfassen.

Alternativ: Lassen Sie die Lerner ihre eigene Leistung zunächst global selbst bewerten. Wurde die Aufgabe erfüllt, z.B. der eigene Standpunkt gut herausgestellt? Lassen Sie die Lerner eine Liste mit Verbesserungsvorschlägen anfertigen: „Das nächste Mal sollte ich meinen Vortrag besser strukturieren."

Video

Eine authentische Prüfung können Sie sich mit den Lernern auf allango ansehen.

Plakat

TIPP: Prüfungen sind für viele TN eine Stresssituation. Übungen zum effektiven Abbau vom Stress, die Sie in Ihren Unterricht einbauen können, finden Sie kostenlos digital.

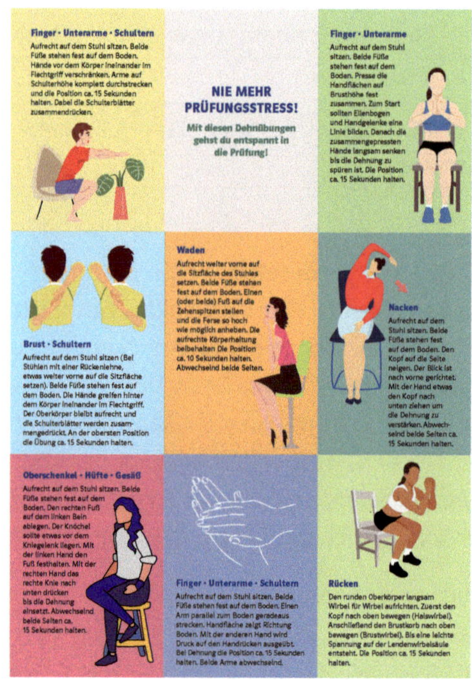

2.3 Bewertung der Prüfungsleistungen

À savoir !

Die Beurteilungsraster sind für jedes Niveau ausgearbeitete Dokumente mit Deskriptoren. Diese Deskriptoren erklären detailliert jede in jedem Niveau erwartete Kompetenz. Sie sind vom Gemeinsamen Referenzrahmen für Sprachen entwickelt worden. Sie finden diese Dokumente kostenlos digital. Die Deskriptoren dienen nicht nur dem Verständnis der spezifischen Anforderungen jedes Niveaus, sondern erlauben es auch, die Prüflinge für das jeweilige Niveau vorzubereiten und zu beraten.

2.3.1 Vorgaben der Bewertung des FEI

2.3.1.1 Die positive Bewertung

Wie im Europäischen Referenzrahmen für Sprachen empfohlen, praktiziert das FEI (eine dem französischen Bildungsministerium unterstellte nationale öffentliche Einrichtung) eine Positivbewertung. Die Anzahl der Fehler beeinflusst nicht gezwungenermaßen die Note der Prüflinge. Es wird versucht zu bewerten, was die Prüflinge in einem bestimmten Niveau leisten können. Wie in den Bewertungsrastern zu sehen ist (S. Kapitel 2.3.2), können die Beurteilungskriterien mit « *Peut…* » (Kann…) beginnen.

Beispiel für die Textproduktion

Bei der Begutachtung der Leistungen werden keine Fehler angestrichen. Es geht bei der Korrektur darum, ob die Prüflinge die angestreben Ziele der Aufgabe erfüllen können. Bei der Korrektur der Kriterien wird der Reihe nach vorgegangen. Es wird bewertet, in welchem Maße das jeweilige Kriterium erfüllt ist. Wenn die verlangten Informationen den Kriterien entsprechend vorhanden sind, erhalten die Prüflinge die volle Punktzahl. Wenn Informationen fehlen oder die Kompetenzen zum Erfüllen der Aufgabe eingeschränkt sind, erhalten die Prüflinge 25%, 50% oder 75% der Note (je nach Anzahl der zu vergebenden Punkte für diese Aufgabe).

À savoir !

Die Bewertung des DELF orientiert sich an den Kompetenzen der Prüflinge und nicht an den Fehlern. Dies bedeutet für die Prüflinge: auf jedem Niveau wird versucht herauszufinden, was die Prüflinge leisten können. Ein kleiner Fehler bedeutet nicht automatisch Punktabzug. Bei der Bewertung werden verschiedene Parameter zur Beurteilung herangezogen.

2.3.1.2 Die Niveaustufe als Orientierungswert

Das Niveau bestimmt die angestrebten Ziele und erwarteten Kompetenzen. Die Kriterien für die Punktevergabe richten sich also nach den Anforderungen der jeweiligen Niveaustufe.

Beispielsweise erhalten die Prüflinge des Niveaus A1, die einen Form- oder Rechtschreibfehler machen, nur dann einen Punktabzug, wenn die richtige Beherrschung auf seiner Niveaustufe schon erwartet werden kann.

Zur Beurteilung der Leistungen müssen daher einerseits die in Kapitel 1.2 dieses Buches dargestellten Themen und Kompetenzen und andererseits die Kriterien der folgenden Bewertungsraster berücksichtigt werden (siehe ab S. 55).

2.3.1.3 Die Prüflinge werden nicht bei Wiederholung eines Fehlers bestraft

Sei es im Bereich der pragmatischen oder linguistischen Kompetenzen, die Prüflinge werden nicht zweimal für den gleichen Fehler bestraft. Es wird immer das Kriterium bei den Prüflingen berücksichtigt, das für die Aufgabenstellung relevant ist.

Bei Themaverfehlung können verschiedene Fälle auftauchen.
Zunächst muss man unterscheiden, ob die Arbeitsanweisung nur teilweise oder gar nicht beachtet wurde.

- Handelt es sich im ersten Fall um die zu erstellende Textsorte oder um die Anzahl der zu schreibenden Wörter, werden Punkte nach dem Kriterium „respect de la consigne" abgezogen. Wenn Elemente der Aufgabenstellung fehlen, erfolgt der Punktabzug nach dem Kriterium „capacité à informer et / ou à décrire".
- Im zweiten Fall unterscheidet man zwischen thematischer Nichtbeachtung und diskursiver Nichteinhaltung: Anstatt von den Ferien zu sprechen, sprechen die Prüflinge z. B. von der Schule. Es liegt also ein thematisches Problem vor. Oder anstatt einem Tagebucheintrag schreiben die Prüflinge einen Brief, hier handelt sich um ein diskursives Problem.

Da das DELF auf einer kriteriengestützten und positiven Evaluierung basiert, kommt es nicht in Frage, die gesamte Leistung der Lerner mit Null Punkten zu sanktionieren.

Allerdings müssen, da es nicht möglich ist, den Prüflingen den Prüfungsteil wiederholen zu lassen, andere überprüfbare, angemessene und rationelle Bewertungsweisen angewandt werden.

Jedoch beeinflusst die Themenverfehlung die Art der Benotung, da die Punkte, die den Kriterien in den Rastern entsprechen, nur dann vollständig vergeben werden können, wenn die Prüflinge auf die vorgegebene Situation antworten.

Haben die Prüflinge das Thema verfehlt, erhalten sie nicht automatisch 0 Punkte für seinen gesamten Text. Für die anderen Kriterien erhält er trotzdem Punkte, allerdings, je nach Niveau, höchsten 50% der möglichen Punktzahl. Das bedeutet, dass auch sprachlich sehr gute Prüflinge höchsten die Hälfte der Punkte erlangen können, wenn sie das Thema verfehlt haben. Dies betrifft die pragmatischen ebenso wie die linguistischen Kriterien der Bewertungsraster.

2.3.2 Die Bewertung der Kompetenz

2.3.2.1 Bewertung des Hör- und Leseverstehens

Die Bewertungsanleitung für die Korrektur ist sehr genau und keineswegs willkürlich: Die Antwort ist entweder falsch oder richtig, es gibt nur die volle vorgesehene Punktzahl oder gar keinen Punkt.

Hinweis zu lexikalischen und morphosyntaktischen Kompetenzen

Rechtschreibung und Grammatik werden nur bei der schriftlichen bzw. mündlichen Textproduktion bewertet.

Um das Vorgehen zu verstehen, müssen folgende Elemente beachtet werden:
- Da sich die vier Kompetenzen voneinander unterscheiden, unterscheidet man jeweils auch bei der Bewertung der linguistischen Kompetenzen. Sie werden nicht in jedem Prüfungsteil alle gleich und gleichzeitig bewertet.
- Die Schreibung und die Aussprache unterscheiden sich oft im Französischen.

Was die Multiple-Choice-Aufgaben angeht, ist es wichtig zu wissen, dass nur eine einzige Antwort erwartet wird. Daher muss nur eine Antwort angekreuzt werden.

À savoir !

Informieren Sie Ihre Lerner! Für die Übungen des Hör- und Leseverstehens gilt:
- Im Zweifelsfall eine Antwort durch Zufallsprinzip ankreuzen. Man muss sein Glück durch Zufall versuchen!

2.3.2.2 Textproduktion

Für die Texproduktion wird das Beurteilungsraster *grilles d'évaluation* herangezogen. Die Punktevergabe wird nach strengen Kriterien gehandhabt.

Bei der Korrektur wird jedes Kriterium sehr genau befolgt, um die Note der Prüflinge zu ermitteln.

Es gibt keine „Bonuspunkte", trotzdem fließt es mit in die Bewertung ein, wenn die Prüflinge einen sauberen und fehlerlosen Text liefern. Dies wird später für die höheren Niveaus relevant, weil es dort mehr Text zu lesen gibt!

Es ist ratsam, die vorgegebenen Beurteilungsraster zur Korrektur heranzuziehen. Die Bewertungskriterien können auch den Lernern vorgestellt werden oder an sie verteilt werden. Wenn die Lerner verstehen, was bewertet wird, verstehen sie auch die angestrebten Ziele einer Übung. Dies ist das beste Mittel bei der Beratung der Lerner bei der DELF Prüfung.

Zusätzliche Informationen:

Grille d'évaluation de la production écrite A2

- Die Bilder unter der Anweisung der Übung 1 sind eine Hilfe für die Lerner, sind aber nicht Teil der Anweisung. Sie müssen nicht unbedingt beachtet werden.
- Eigene Eindrücke müssen nicht nur mit *« je pense que.. »* oder *« je crois que… »* genannt werden, sondern können auch mit Adjektiven ausgedrückt werden : *c'est génial !/Cette ville magnifique est à découvrir./Je veux oublier cette journée, la plus nulle de ma vie !*
- Hier muss unbedingt an eine angemessene Begrüßung und Verab-schiedung gedacht werden. Außerdem darf der Name nicht vergessen werden, um alle Punkte zu erreichen !

Grille d'évaluation de la production écrite B1

- Seine Meinung auszudrücken verlangt Position zu beziehen, sie aber auch zu rechtfertigen und ein Beispiel anzugeben (erklären warum); es wird auch erwartet, dass mehrere Ideen genannt werden (2, 3 oder 4). Achtung, das ist keine Argumentation wie in B2!
- Die Textproduktion ist nun länger, B1 ist das erste Niveau, wo die äußere Struktur des Textes eine Rolle spielt! Es handelt sich v. a. um das Auf-teilen in Abschnitte, die den Textaufbau mit Einleitung, Hauptteil (mit präsentierten Ideen) und Schlussteil deutlich machen. Dies vereinfacht die Lektüre eines Textes.
- Die komplexeren Sätze können z. B. durch Relativsätze *(qui, que, où, dont)*, mit Komparativen, Hypothesen, etc. erzeugt werden.

Grille d'évaluation de la production écrite B2

- Es handelt sich hier um Höflichkeitsformeln, die an den Adressaten gerichtet sind!
- Die Stellungnahme muss sich auf Argumente und Beispiele stützen. Der Leser muss überzeugt werden. Folgende Struktur kann helfen: These / Anti-these, das muss aber nicht unbedingt sein!!
- Die Textstruktur ist sehr wichtig! Man muss dem Text ohne Probleme folgen können: *Tout d'abord…, Ensuite…, Enfin…* Das Layout hängt von der Aufgabenstellung ab (Artikel, Mail, formeller Brief), aber die Abschnitte dienen dazu, die verschiedenen Argumente zu unterscheiden.

2.3.2.3 Mündliche Sprachproduktion

Die gesamte Prüfung läuft auf Französisch ab! Bei den Niveaus A1 und A2 können die Lerner Fragen zum Inhalt des Themas stellen. Wenn etwas unklar ist, wird ihnen dies erklärt. Dafür gibt es keinen Punktabzug. Allerdings ist es ratsam, Verständnisfragen zum Thema sofort zu stellen, wenn das Thema gezogen wird. Während der Vorbereitungszeit darf nicht mehr gesprochen werden und in der Prüfung selbst würde durch die Abklärung kostbare Zeit verloren gehen, die Lerner hätten kaum noch Zeit für die Lösung der Aufgabe.

Für alle Niveaus gilt, dass die Prüflinge den Prüfer oder die Prüferin bitten können, eine gestellte Frage zu wiederholen oder umzuformulieren. Dadurch entsteht den Prüflingen kein Nachteil. Jedoch muss bei B1 und B2 darauf geachtet werden, dass dies nicht zu oft vorkommt, da sonst angenommen werden kann, dass die Prüflinge nicht ausreichend über die lexikalischen und grammatikalischen Kenntnisse verfügen. Dies könnte einen schlechten Eindruck hinterlassen und ggf. die Note beeinflussen.

Für die Niveaus A1 und A2 muss sich der Prüfer oder die Prüferin sehr kooperativ zeigen. Er oder sie muss die Prüflinge ermutigen und den Austausch im Gespräch unterstützen. Bei den Niveaus B1 und B2 bleibt der Prüfer oder die Prüferin zwar kooperativ, aber die Prüflinge müssen mehr dafür tun, dass der Austausch im Gespräch aufrecht erhalten bleibt. Gelingt ihnen dies, werden sie sehr positiv bewertet!

À savoir !

Wenn den Prüflingen während der Prüfung ein Wort fehlt, darf es nicht auf Deutsch gesagt werden. Vielleicht spricht nämlich der Prüfer oder die Prüferin kein Deutsch und er oder sie könnte verwirrt sein. Es muss immer nach einem Synonym gesucht werden oder es wird eine Erklärung oder Umschreibung des ganzen Satzes verlangt.

À savoir !

Höfliche und lächelnde Prüflinge machen immer einen guten Eindruck vor der Prüfungsskommission! Zwar werden die pragmatischen und linguistischen Kompetenzen bewertet, aber der Prüfer oder die Prüferin bewertet angenehme und freundliche Prüflinge lieber als andere.

Zusätzliche Informationen:

Grille d'évaluation de la production orale A1

- Um zu zeigen, dass man die Antwort des Prüfers oder der Prüferin verstanden hat, kann man kleine Wörter wie: *Moi aussi !/Ah, d'accord !/Pour moi, c'est le contraire* benutzen. Man kann auch die Frage erweitern: *Pourquoi ? Quand ? Où ?* ohne dabei einen ganzen Satz zu formulieren.
- Die Prüflinge dürfen nicht nur die Fragen des Prüfers oder der Prüferin abwarten (der z. B. die Rolle des Verkäufers oder der Verkäuferin oder des Kellners oder der Kellnerin, etc. hat). Die Person, die Rolle des Kunde oder der Kundin einnimmt, muss Fragen stellen, z. B. nach dem Preis, nach der Farbe eines Produkts, nach der Menge, etc.

Grille d'évaluation de la production orale A2

- Es wird nicht erwartet, dass die Prüflinge die Wahrheit sagen! Sie können von sich sprechen und dabei etwas erfinden oder hinzufügen. Das Ziel ist es, eine Situation etwa zwei Minuten lang beschreiben zu können.
- Für das Rollenspiel wird erwartet, dass die Prüflinge die Diskussion anführen. Sie dürfen nicht einfach die Fragen des Prüfers oder der Prüferin beantworten. Ein einfacher Tipp: um das Rollenspiel in Gang zu setzen, beginnen die Prüflinge mit einer Begrüßung: *Salut !* (falls der Prüfer oder die Prüferin die Rolle des Freundes oder der Freundin spielt), *Bonjour, Madame, bonjour, Monsieur !* (falls der Prüfer oder die Prüferin die Rolle einer Erwachsenen annimmt), etc. Dies wird gerne gesehen!

Grille d'évaluation de la production orale B1

- Vorsicht, dieser Teil erfolgt ohne Vorbereitung! Wenn die Prüflinge überhaupt nicht verstehen, um was es geht, können sie das Thema wechseln. Aber der Prüfer oder die Prüferin führt immer das Gespräch und versucht immer mit verschiedenen Hilfestellungen den Prüflingen zu helfen (auch wenn dies bei B1 nicht mehr verpflichtend ist).
- Der Prüfer oder die Prüferin erwartet hier eine kleine Einführung: um was handelt es sich? Über welches Thema wird gesprochen?
- Sich auf die Kommentare « c'est bien » oder « ce n'est pas bien » zu beschränken, wäre nicht präzise genug. Ein Tipp: verschiedene Adjektive benutzen wie « c'est dangereux, idéal/important/ utile/incroyable/etc. » Der eigene Standpunkt wird präziser und aussagekräftiger, wenn er mit konkreten Beispielen untermauert wird.

Grille d'évaluation de la production orale B2

- Die Einleitung nicht vergessen!
- Die Gliederung der präsentierten Ideen ist sehr wichtig! Die Struktur verlangt logische Übergänge, die es besser ermöglichen, dem Gesagten der Prüflinge zu folgen. Dies wird in der Prüfung sehr geschätzt.
- Hier stellt der Prüfer oder die Prüferin den Prüflingen Fragen zu dem im Monolog Gesagten und weiterführende Fragen, um die Debatte auszudehnen. Es darf nicht nur mit *oui* und *non* geantwortet werden: hier muss erklärt und gerechtfertigt werden, was man antwortet und es sollen auch Beispiele genannt werden. Achtung: Die Prüflinge haben das Recht anderer Meinung als die Jury zu sein. Dafür gibt es keinen Abzug!

3 *DELF* im Französischunterricht

3.1 *100% DELF* - Aufbau und Einsatz im Unterricht

3.1.1 Aufbau der Übungshefte *100% DELF*

Das Übungsheft *100% DELF* enthält 10 vollständige Original-DELF-Prüfungen (neue Prüfungsformate ab 2020) und deckt alle Themenbereiche des DELF ab. Es bietet verschiedene Übungsmöglichkeiten :

- Die Lerner können jeweils eine DELF-Prüfung komplett bearbeiten. Dies ist zum Beispiel interessant, um zu sehen, wie viele Punkte sie insgesamt erreichen würden oder wie viel Zeit sie für die Bearbeitung brauchen.
- Sie können thematisch arbeiten und überprüfen, ob ihr Wortschatz schon zur Bearbeitung des jeweiligen Themas ausreicht. Dafür gibt es einen Überblick über die im Heft vorhandenen Themen im Inhaltsverzeichnis des Übungshefts mit Hinweisen auf die passenden Übungen.
- Sie können nach Kompetenzen üben und dabei gezielt die Kompetenzen trainieren, bei denen sie sich noch nicht sicher fühlen, zum Beispiel das Hörverstehen oder das Verfassen von Texten. Hierzu gibt es auch Hinweise im Inhaltsverzeichnis.

- Alle Audios der Hörverstehensübungen, mündliche Musterprüfungen zum Anhören, Transkriptionen und Lösungen sind kostenlos digital auf allango erhältlich.

3.1.2 Einsatz im Unterricht

3.1.2.1 Zusätzliche Aktivitäten im Plenum (siehe auch "Wie sollen die Lerner vorbereitet werden?")

Die Vorbereitung des DELF kann ohne Probleme im Plenum vorgenommen werden. Auch wenn nicht alle Lerner an der Prüfung teilnehmen: die Übereinstimmung mit den Lehrplänen ist sehr groß und daher ist das DELF-Training für niemanden Zeitverschwendung.

Die DELF-Übungen lockern den Unterricht auf und sind stimulierend für die ganze Klasse. Das Übungsheft *100% DELF* orientiert sich an den Lernzielen des Französischunterrichts und ermöglicht ein abwechslungsreiches Arbeiten in verschiedenen Sozialformen wie Einzel-oder Gruppenarbeit oder die Arbeit im ganzen Klassenverband.

Bei der Erarbeitung der Themen des Übungshefts *100% DELF* können unterschiedliche Methoden wie Brainstorming, Wortnetze, Debatten, Rollenspiele im Tandem usw. eingesetzt werden. All diese Methoden haben sich bewährt und funktionieren sehr gut. Wenn die Aufgabenformate und Arbeitsanweisungen des Übungshefts mit den Lernern geklärt sind, kann mit der thematischen Vorbereitung begonnen werden. Der Vorteil für die Lehrkraft hier liegt darin, dass er fast keine Vorbereitung für die Stunde leisten muss. Das Übungsheft bietet alles: Arbeitsanweisungen, Übungen, Lösungen.

Bei der lexikalischen Erarbeitung der Themenfelder bietet sich zur zeitlichen Entlastung die Arbeit mit einem Themenwortschatz an, in dem die nötigen

Vokabeln bereits geordnet sind. Eine Arbeitserleichterung für eine zügige Vorbereitung und Wiederholung bietet zum Beispiel der *Thematische Schulwortschatz Französisch* (Klett, Stuttgart), in dem das für das *DELF scolaire* relevante Vokabular nach DELF-Themen zusammengestellt ist und den Lernern Tipps und Hilfestellungen zur Vermeidung der typischen Ausdrucksfehler gegeben werden. Für die Vorbereitung auf das *DELF tout public* bietet sich der *Thematische Grund- und Aufbauwortschatz Französisch* (Klett, Stuttgart).

Um die Lerner dazu zu bringen, miteinander zu sprechen, wäre es ideal, wenn sich die Lerner in zwei Kreisen um einen Tisch herum gegenübersäßen. Auf jedem Tisch werden verschiedene Themen ausgelegt, die nach dem Zufallsprizinzip gezogen werden. Zu diesen Themen werden in bestimmten Zeitintervallen Dialoge geübt. Die Zeit wird gestoppt. Nach jedem Durchgang werden die Plätze gewechselt. Dabei rücken aber nur die Lerner des Außenkreises um einen Platz weiter, so dass nach jeder Runde der Partner getauscht wird.

Beispiel:
Auf folgendem Schema beginnt Person A zusammen mit dem Person B mit dem Dialog *Top-Chrono*. In der nächsten Runde ist er mit Person D zusammen.

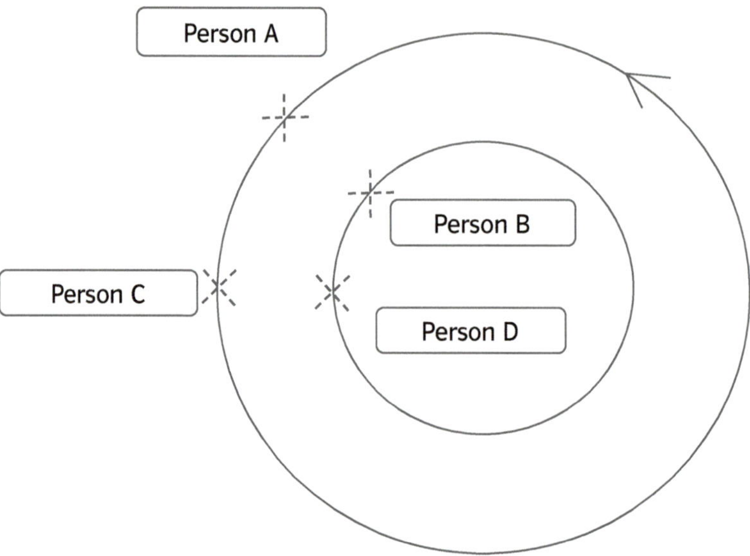

Die Arbeit mit dem Übungsheft *100% DELF* bietet der ganzen Klasse die Gelegenheit, auf motivierende und anwendungsbezogene Art Französisch zu lernen.

3.1.2.2 Spiele

A1

Für den zweiten Teil der mündlichen Prüfung sollen die Lerner ausgehend von einem Wort eine Frage formulieren. Dann sollen sie zeigen, dass sie die Antwort des Prüfers oder der Prüferin verstanden haben.

Z.B. Die Lerner lesen z.B. das Wort « école ».
- Vous êtes professeur dans une école ?
• Oui, je suis professeur dans un lycée.
- Pour le français ?
• Oui, c'est ça.

Das ist keine schwierige Übung, aber sie verlangt ein wenig Training. Das auf der Spielkarte stehende Wort muss immer in der Frage auftauchen! Alle Frageformen sind erlaubt:

Aimez-vous le rouge ?
Est-ce que vous avez des habits rouges ?
Vous avez une voiture rouge ?
Qui aime le vin rouge dans votre famille ?

Ein Spiel, das garantiert gut funktioniert ist *le jeu des questions:*
Die Klasse wird in Mannschaften mit je 2-3 Lernern aufgeteilt. Die Mannschaften spielen gegeneinander und sollen so viele Fragen wie möglich zu vorgegebenen Wörtern finden. Die Wörter sind auf Karten geschrieben. Die erste Mannschaft zieht eine Karte und präsentiert den Lernern das Wort. Die Mannschaft, die zuerst die Karte zieht, beginnt. Sie formuliert eine grammatikalisch und lexikalisch richtige Frage. Die Gegenmannschaft muss die Frage beantworten, bevor sie eine andere Frage, mit demselben Wort, formuliert, usw. Die Mannschaft, die als erste keine Frage mehr formulieren kann, hat verloren. Eine Mannschaft erhält dann einen Punkt, wenn die Gegenmannschaft keine Frage mehr formulieren kann. Die Mannschaften ziehen nacheinander eine Wortkarte, egal, welche Mannschaft vorab den Punkt gemacht hat.

Ideen für die Karten:

chien ?	école ?
musique ?	livre ?
copain ?	matière ?
légumes ?	sœur ?
rouge ?	montagne ?
petit-déjeuner ?	vélo ?

A2

Auf dem Niveau A2 soll schriftlich (Prüfungsteil 1) oder mündlich (Prüfungsteil 2) eine Erfahrung oder ein Ereignis erzählt werden. Daher sollte diese Übungsform unbedingt mit den Lernern geübt werden.

Die Idee zur mündlichen Spieldurchführung:
Die Lerner werden in 2-er Mannschaften aufgeteilt. Die Mannschaften spielen gegeneinander. Auf Karten stehen verschiedene Situationen. Abwechselnd muss jede Person zu der entsprechenden Situation eine Geschichte erzählen (die Geschichte soll kurz sein). Wenn die jeweilige Person zu Ende erzählt hat, muss die Gegenmannschaft entscheiden, ob die Geschichte wahr oder erfunden ist. Jede Person muss mindestens einmal sprechen, ansonsten werden die Punkte, die die Mannschaft erreicht hat, nicht angerechnet. Eine Person kann ihren Partner oder ihre Partnerin um Hilfe bitten. Ein Wörterbuch ist nicht erlaubt. Das Spiel ist sehr lustig für die Lerner, auch wenn es zu Beginn etwas schwierig erscheint. Es wird auf alle Fälle dem jeweiligen Niveau angepasst. Es handelt sich um eine ideale Übung zur Einübung von schwierigen Situationen, wie zum Beispiel Monologe oder

Rollenspiele, bei denen man nichts zu sagen weiß. Auch das Erzählen einer Geschichte in der 1. Person verlangt ein besonderes Training!

Ideen für die Situationen A2:

Parlez de la dernière fois où vous avez acheté un cadeau. Pour qui ? À quelle occasion ? Quoi ? Combien ça coûte ?	Racontez vos dernières vacances. Où ? Avec qui ? Combien de temps ? C'était comment ?
Quelle est votre ville préférée ? Quand est-ce que vous y êtes allé(e) la dernière fois ? Avec qui ? Qu'avez-vous fait ? C'était comment ?	Décrivez votre plat préféré. Quoi ? Qui le prépare ? Quand le mangez-vous ?
Quel jour de la semaine préférez-vous ? Qu'est-ce que vous faites ce jour-là ? Quel jour vous détestez ?	Décrivez la dernière fête où vous êtes allé(e). Pour fêter quoi ? Où ? Quand ? Avec qui ? C'était comment ?
Parlez du dernier livre que vous avez lu. Quelle est l'histoire ? Vous avez aimé ce livre ? Vous pouvez le conseiller ?	Vous utilisez beaucoup votre téléphone portable ? Qu'est-ce que vous faites avec ? C'est un objet très utile pour vous ?
Racontez votre dernière sortie au cinéma. Quand ? Avec qui ? Quel film ? C'était comment ?	Parlez d'un métier d'un adulte proche de vous (famille, amis, voisins). Quel métier ? C'est intéressant pour vous ? Vous voulez faire la même chose plus tard ?

B1

Beim Niveau B1 beruhen die Schwierigkeiten beim mündlichen und schriftlichen Sprachgebrauch vor allem auf zwei Situationen: „Seine Meinung äußern" und „Sich einer unbekannten Situation stellen". Im Folgenden wird eine Spielidee für die Klasse vorgestellt. Diese kann schriftlich oder mündlich durchgeführt werden. Ziel ist es, sich in einer fremden, aber realistischen Alltagssituation zurechtzufinden und dabei Stellung zu nehmen. Bei der mündlichen Durchführung teilen sich die Lerner in zwei Mannschaften auf. Zu zweit bereiten sie ein Rollenspiel zu einer vorgegebenen Situation vor. Um die Herausforderung zu zweit meistern zu können, müssen folgende Kriterien erfüllt sein: „Einen 5-minütigen Dialog verfassen", „Seinen Standpunkt verteidigen" und „Zu einem gemeinsamen Kompromiss kommen". Die Gegenmannschaft ist die Jury und verteilt gemäß folgender Tabelle Punkte:

	Person A	Person B
5-minütiger Dialog[1]	/ 1 Punkt	/ 1 Punkt
Einen Standpunkt verteidigen[2]	/ 1 Punkt	/ 1 Punkt
Die beiden Personen finden am Ende des Dialogs einen Kompromiss[3]	/ 1 Punkt	/ 1 Punkt

[1] und [3]: 1 Punkt für jede Person, sonst 0: Kein Unterschied zwischen den beiden Personen
[2] Jede Person hat mindestens 3 Formulierungen zur Meinungsäußerung benutzt: *Je pense que…/À mon avis…/Je suis d'accord…/C'est important de dire que…/etc.*

In jeder Spielrunde können bis zu 6 Punkte erreicht werden. Damit die Punkte gültig sind, muss die gegnerische Mannschaft sehr aufmerksam sein und die folgenden Regeln berücksichtigen:
- die Zeit des Dialogs der Partner A und B stoppen
- die Ausdrücke der Meinungsäußerung der beiden Personen notieren.

Dieses Spiel eignet sich hervorragend, um das Improvisieren in unbekannten Situationen zu üben. Auch wenn es zunächst schwierig erscheint, so gewöhnen sich die Personen schnell an das Spiel und machen schnell Fortschritte.

Es können verschiedene Varianten durchgespielt werden:

Niveau 1

Eine Situation wird mit Ideenvorschlägen für den Dialog vorgegeben:

Situation 1 : Avec un ami, vous organisez une fête d'anniversaire pour Paul. C'est une surprise !	
Ami(e) A : Une fête déguisée Samedi soir Inviter toute la classe	*Ami(e) B :* Un pique-nique Samedi après-midi Inviter quelques amis

Situation 2 : Vous avez oublié votre sac à l'école et vous le dites au chauffeur de bus.	
Élève A (un(e) adolescent(e)) : Vous expliquez la situation au chauffeur. Votre sac contient vos affaires d'école. Vous voulez avoir votre sac tout de suite.	*Élève B (le chauffeur de bus) :* Vous voulez rentrer chez vous. Vous proposez au jeune d'y aller demain. Vous êtes vraiment fatigué.

Situation 3 : Le devoir de français est à rendre demain. Mais vous n'avez pas terminé !	
Élève A (un(e) élève) : Vous expliquez pourquoi vous n'avez pas terminé. Vous voulez le rendre plus tard. Vous proposez de faire quelque chose de spécial pour le cours de français.	*Élève B (le professeur/la professeure de français) :* Normalement, aucun retard n'est accepté. Vous ne voulez pas que tous les élèves fassent la même chose. Vous demandez des explications.

Niveau 2 :

Die Situation wird ohne Vorbereitung vorgespielt. Dabei muss eine Position eingenommen werden, die es zu verteidigen gilt.
Achtung! Der Dialog muss immer mit einem Kompromiss enden!

Situation 1 : Prochaines vacances Vous avez prévu de passer vos prochaines vacances avec votre correspondant(e) français(e). Mais malheureusement, vous devez annuler votre voyage. Vous expliquez pourquoi et vous cherchez ensemble une solution pour d'autres vacances. Élève A : jeune allemand(e) // Élève B : correspondant(e) français(e)
Situation 2 : Au magasin Vous êtes dans un magasin en France. Vous avez trouvé un beau vêtement pour vous. Arrivé(e) à la caisse, le vendeur ou la vendeuse annonce un prix différent de celui que vous avez vu. Vous n'êtes pas content(e) et vous essayez de trouver une solution. Élève A : jeune allemand(e) // Élève B : vendeur français ou vendeuse française
Situation 3 : Dans la rue Vous marchez dans la rue à Paris. Une personne arrive très rapidement à vélo. Il n'y a pas d'accident grave mais vous trouvez la situation dangereuse. Vous discutez avec cette personne qui ne voit pas où est le problème. Vous discutez ensemble de ce qui vient de se passer. Élève A : jeune allemand(e) // Élève B : personne française à vélo

B2

Die Herausforderung beim Niveau B2 ist die Argumentation (für alle 4 Kompetenzen!).
Im Folgenden wird ein kleines Spiel vorgestellt, in dem die Lerner 10 Minuten Zeit haben, ein ungewöhnliches Objekt zu verkaufen. Dieses Spiel verlangt Phantasie, aber vor allem gute Argumente, um sein Publikum zu überzeugen! Das Spiel bezieht sich auf das berühmte Modell *Catalogue d'Objets Introuvables*, von Jacques Carelman. Die Lerner sollen ein ungewöhnliches Objekt an den Mann bringen.

Spielverlauf:
Die Lerner sind in 2er- oder 3er-Mannschaften aufgeteilt. Die Mannschaften bestimmen dann ihr ungewöhnliches Objekt, das sie verkaufen wollen (Ideen können im Internet gefunden werden, bzw. die Lerner können auch eigene Ideen einbringen). Sie müssen dann Argumente überlegen, mit denen sie ihr Objekt verkaufen wollen.
Die Argumentation soll höchstens 10 Minuten dauern. Alle sollen ungefähr den gleichen Redeanteil haben. Hier ein paar Hilfen für die Argumentation:
- Die Lerner erzählen, wie sie auf die Idee gekommen sind, ein solches Objekt zu erfinden und wie es entstanden ist (Einleitung).
- Die Lerner erklären, wie das Objekt funktioniert und zeigen auf, warum dieses Objekt unerlässlich ist (Entwicklung / Hauptteil).
- Die Lerner sprechen vom Erfolg des Objekts und von eventuellen zukünftigen Projekten (Schlussfolgerung).

Die Lehrkraft und die Lernenden werden zu Gruppen von Besuchern. Sie interessieren sich sehr für das Objekt und stellen Fragen, um ihr Wissen zum Objekt zu vertiefen, um zu widersprechen oder einfach, um das Gesagte zu wiederholen. Hier werden die argumentativen Kompetenzen der Erfinder / der Verkäufer geschult!

Alle Besucher (jede Mannschaft sowie die Lehrkraft) müssen dann nach folgenden Kriterien beurteilen:

	Non merci, je n'achète pas cet objet !	Hum, je vais peut-être acheter cet objet, je dois réfléchir	Oui, j'achète tout de suite cet objet !	Total
	1 point par croix	*2 points par croix*	*3 points par croix*	----------
Équipe 1				
Équipe 2				
Équipe 3				
Équipe 4				

À savoir !

Alle Spielideen können auch beim Training mit dem Übungsheft *100% DELF* angewendet und abgewandelt werden. Ideen für Spiele bieten sich in jedem Themenbereich. Die vorliegenden Spieltipps können leicht auf verschiedene Inhalte der Übungshefte *100% DELF* bezogen werden.

3.1.2.3 Individuell arbeiten

Das Übungsheft *100% DELF* ist auch für die individuelle Vorbereitung zur DELF Prüfung gedacht.

Die Lerner können mit den Lösungsvorschlägen auf allango eigenständig üben. Auch für das Training der mündlichen und schriftlichen Sprachproduktion werden den Lernern Lösungsvorschläge angeboten, um ihnen eine Vorstellung davon zu vermitteln, was von ihnen erwartet wird. Allerdings handelt es sich hier nur um Vorschläge und keine alleingültigen Lösungen. Natürlich gibt es hier Alternativen, die ebenfalls akzeptiert werden können.

Wenn sich die Lerner eigenständig auf die DELF-Prüfung vorbereiten, hat es den Vorteil, dass sie eigenverantwortlich an die Vorbereitung herangehen können und sich Zeit nehmen können für das individuelle Training von Kompetenzen, die sie besonders üben müssen. So können sie z. B. das Hörverstehen eigenständig üben. Die Erfahrung zeigt, dass die Lerner gerne zu Hause arbeiten, weil sie hier in ihrem individuellen Lerntempo arbeiten können und z. B. ein Hördokument x-beliebig oft anhören können. Dies gilt für alle Niveaus und wahrscheinlich besonders für die höheren Niveaustufen, bei denen die Anforderungen steigen. Da die Lerner nicht immer mit den verlangten Übungsformen vertraut sind, schätzen sie es gerade hier, wenn sie zunächst eigenständig üben können. So empfinden sie keinen Druck von außen (z. B. durch die Lehrkraft oder andere Lerner) und auch keinen Zeitdruck.

Alle arbeiten autonom und nach eigenen Spielregeln. Dies ist eine große Hilfe für all diejenigen, die noch sehr unsicher sind. Trotzdem müssen die Regeln der Prüfung am Ende eingehalten werden (Hördurchgänge, Dauer der Übungen etc.). Diese letzte Etappe gelingt sehr gut, wenn die Lerner Zeit hatten, sich in ihrem Lerntempo an die Ziele der Prüfung zu gewöhnen.

3.1.2.4 Eine Ergänzung des Französischunterrichts

Wie im Folgenden erläutert wird, überschneiden sich die Inhalte des DELF und der Lehrpläne Französisch weitgehend. Die Niveaustufen des DELF basieren wie die Richtlinien zum Unterricht auf dem Gemeinsamen Referenzrahmen für Sprachen (GeR) und können deshalb parallel zum Unterricht vorbereitet werden.

Man kann daher das Übungsheft *100% DELF* als Ergänzung zur Schulbucharbeit einsetzen, als ein Mittel, die Unterrichtsaktivitäten zu variieren und die Lerner auf eine neue Art für das Fach Französisch zu interessieren.

Ob das Übungsheft im Klassenverband oder individuell benutzt wird, es ist auf jeden Fall für die Lehrkraft und Lerner ein Zeitgewinn bei der DELF-Vorbereitung: Es bedarf kaum Vorbereitungszeit und die Systematisierung der Aufgaben macht das Unterrichten einfach und effizient.

Das Übungsheft ergänzt daher zu 100% die Arbeit mit dem Schulbuch, das bereits teilweise auf die DELF-Prüfungen vorbereitet.

3.2 Kernlernpläne und Unterrichtswerke

3.2.1 Parallelen zwischen DELF und dem Französischunterricht

3.2.1.1 Lehrpläne, Themen und Niveaus

Da die Lehrpläne der Schule und die Anforderungen des DELF auf dem Gemeinsamen Referenzrahmen für Sprachen basieren, ist es sinnvoll, beides mit einander zu verbinden. Die Vorbereitung der DELF-Prüfung bedeutet also keine zeitraubende Zusatzbelastung.

Die Themen und angestreben Kompetenzen wurden bereits im Anfangsteil des Buches präsentiert. Jedes DELF-Niveau entspricht einem Lernschritt der Lerner beim Französischlernen.

Achtung! Es kann nicht vorhergesagt werden, ob die Lerner auch wirklich das entsprechende Niveau während der Lernphase erreichen. Je nach Klassenstufe, Motivation, Ziel, etc. können Lerner veschiedener Klassenstufen an verschiedenen Niveaus teilnehmen.

Folgende Angaben dienen als Richtwerte für die Niveaus der Klassenstufen:
DELF scolaire A1: Für Lernende der französischen Sprache nach dem ersten Lernjahr
DELF scolaire A2: Für Lernende der französischen Sprache nach drei Lernjahren
DELF scolaire B1: Für Lernende der französischen Sprache im fünften Lernjahr
DELF scolaire B2: Für Lernende auf Abiturniveau

3.2.1.2 Aktivitäten

Es gibt zahlreiche Ähnlichkeiten bei den DELF-Übungen und denen in den Schulbüchern. Auch wenn die Schulbuchübungen nicht immer den Standards der DELF-Aufgaben entsprechen, so sind sie doch eine gute Übung für die notwendigen lexikalischen und grammatikalischen Fertigkeiten. Häufige Themen der Stufen A1-A2 werden auch in den gängigen Unterrichtswerken behandelt, zum Beispiel:

- Das Thema: Sich zurechtfinden (mit Hilfe eines Stadtplans)
- Informationen aus einem Hördokument entschlüsseln können
- Das Thema: Austausch / über seine Schule sprechen / über seinen Wohnort und seine Stadt sprechen
- Aus einem Brief Informationen von einem oder mehreren Gesprächspartnern entnehmen
- Einen Brief beantworten (Schriftliche Textproduktion)
- Das Thema: Eine Fremdsprache lernen / der Gebrauch des Handys / der Musikgeschmack
- Seine Meinung ausdrücken
- Stellung beziehen (mündliche und schriftliche Textproduktion)
- Das Thema: Freunde treffen
- Sich verabreden / eine Geburtstagsparty organisieren
- Mündliche Interaktion – Rollenspiel (mündliche / schriftliche Sprachproduktion)

3.2.2 Das Üben der vier Kompetenzbereiche

Einer der größten Vorteile, das DELF in den Unterricht zu integrieren, ist die Sicherstellung des Trainings der vier Kompetenzbereiche.

Manchmal ist es schwer, genügend Zeit oder passende Materialien zu finden.

Dies gilt übrigens auch für die Leistungsüberprüfung. Dem Hörverstehen beispielsweise wird häufig weniger Beachtung geschenkt als der Grammatik und dem Wortschatz. Die DELF-Übungen sind ein Mittel, gewisse Übungsformate zu trainieren oder sie bei der Entwicklung von Klassenarbeiten heranzuziehen.

Immer häufiger wird das Durchführen einer mündlichen Klassenarbeit oder Klausur durch die Lehrpläne vorgeschrieben.

Auch für das Abitur erweist sich das DELF-Training immer mehr als hilfreich, da sich die Abituranforderungen ändern und mittlerweile beispielsweise Hörverstehensaufgaben zunehmen, während in den vergangenen Jahren weitgehend schriftliche Aufgaben im Zentrum standen.
Um die Lerner gründlich auf mündliche Formen von Klassenarbeiten, Klausuren und das Abitur vorzubereiten, ist es wichtig, diese Kompetenzen aktiv zu trainieren. Die DELF-Vorbereitung unterstützt die Ziele des Unterrichts. Im Übungsheft *100% DELF* liegen Dokumente und Übungen bereits fertig zum Einsatz vor.

3.3 DELF-Vorbereitung im Rahmen der Schule

Wo und wann kann das DELF vorbereitet werden?

3.3.1 Im Französischunterricht

Wie bereits erwähnt, ist es auf alle Fälle möglich, die DELF-Vorbereitung im Französischunterricht vorzunehmen. Der Schulstoff weist zahlreiche ähnliche Übungsformen und Aufgabenformate im lexikalischen und grammatikalischen Bereich auf. Alle ähneln den Formaten des DELF. Somit verfügen die Lerner über die sprachlichen Grundlagen für die Prüfungsvorbereitung. Allerdings ist es wichtig, die spezifischen Aufgabenformate und Anforderungen gezielt zu üben. Das Übungsheft *100% DELF* bietet dazu eine praktische Hilfestellung. Darüber hinaus ist es sinnvoll, mit den Lernern den Ablauf und die Bewertungskriterien, die in den vorliegenden Handreichungen erläutert wurden, zu besprechen, um ihnen ein besseres Verständnis der Ziele der Prüfung zu ermöglichen.

Hier noch ein weiterer Vorteil für das Üben im Unterricht:
Alle Lerner sollen motiviert werden. Die Gruppendynamik kann unsichere und unschlüssige Lerner ermutigen. Die DELF-Übungen können sich sogar auf weniger motivierte Lerner positiv auswirken, da sie hier andere Übungsformen kennenlernen. Außerdem können die Lerner durch einen neuen Blickwinkel auf die Bewertung und Einschätzung ihrer Sprachkompetenzen Anerkennung erfahren und neu motiviert werden.

3.3.2 In einer DELF-AG

In DELF-AGs können die Prüfungen besonders intensiv vorbereitet werden. Die Gruppen sind im Normalfall kleiner als die Schulklassen. Dies erlaubt es, sich außerhalb des Unterrichts ausschließlich auf die Vorbereitung der Prüfung zu konzentrieren.

Einige Schulen bieten diese AGs wöchentlich an. Die Übungsaufgaben können auch außerhalb der AG erledigt werden. Das selbständige und gruppendynamische Arbeiten motiviert die Lerner in ihrer persönlichen Prüfungsvorbereitung.

Diese AGs sind auch ein Mittel, um Erwartungen von besonders leistungsbereiten und motivierten Lernern beim Lernen einer Fremdsprache gerecht zu werden. Dieser privilegierte Ort kann somit Lerner fördern, die Lust haben, die vier Grundkompetenzen zusammen mit ähnlich motivierten Lernern zu trainieren.

3.3.3 In einem Netzwerk

Eine Alternative zu DELF-AGs in der Schule bieten Netzwerke zur DELF-Vorbereitung via Blogs oder DELF-Platformen. Die Lerner können untereinander kommunizieren und Ideen austauschen. Die Lehrkräfte können ihre Lerner beratend unterstützen und Tipps zur Verbesserung der lexikalischen und grammatischen Korrektheit geben.

Ziel ist es, den Lernern die Möglichkeit zu einer Vorbereitung in einer Gruppe zu geben, wenn die Vorbereitung im Unterricht nicht möglich ist. Im Normalfall sind diese Gruppen sehr motiviert und aktiv, vor allem in den höheren Niveaus.

3.3.4 Die Diplomausgabe

Viele Schulen nehmen den Erwerb der DELF-Diplome zum Anlass, eine kleine Feier zu organisieren, um den Einsatz und den Erfolg der Lerner zu honorieren. Es könnte eine kleine Zeremonie zur Diplomverleihung sein, bei der Lerner, Lehrkräfte und vielleicht auch die Eltern zusammenkommen. Die Ziele dieser Veranstaltungen wären zahlreich:

- Die Arbeit der Lerner beim Französischlernen wird anerkannt.
- Ihre Anstrengung bei der Prüfungsvorbereitung wird belohnt.
- Das Engagement der Lehrkräfte bei der Prüfungsvorbereitung wird gewürdigt.
- Der Französischunterricht wird durch das DELF attraktiver.
- Die Schulgemeinschaft kann am Erfolg linguistischer Projekte teilhaben.
- Auch andere Lerner werden zur DELF-Prüfung motiviert.
- Andere Lerner können zur Wahl der Fachs Französisch motiviert werden.
- Die Eltern bekommen eine offizielle Gelegenheit, am Erfolg ihrer Kinder teilzunehmen (und können mit Recht stolz sein!).

Dieser Liste könnte man noch hinzufügen, dass diese Feier ein Mittel sein kann, die zusätzlichen Angebote der Schule in der Stadt oder der Umgebung bekannt zu machen. Häufig wird in den regionalen Zeitungen über dieses Ereignis berichtet, was die positive Außendarstellung der Schule unterstützt. Viele Schulen laden daher die lokale Presse ein, die meist gerne präsent ist!

4. Anhang

Sitographie

Referenztexte

Internetseite des Europäischen Rates für den Gemeinsamen Europäischen Referenzrahmen der Sprachen
http://www.coe.int/t/dg4/linguistic/Source/Framework_FR.pdf

Das DELF in Deutschland bestehen

Institut français Deutschland (für verwaltungstechnische Fragen zur Prüfung)
https://www.institutfrancais.de/de/deutschland/franzoesisch-lernen/alle-sprachzertifikate/delf-dalf#/

DELF Präsentation und Aufgabenbeispiele

Internetseite des FEI, Rubrik DELF
Themenbeispiele
https://www.france-education-international.fr/hub/diplomes-tests?langue=fr

Bibliographie

Trim, John / North, Brian / Coste, Daniel / Sheils, Joseph (Hrsg.) (2001): *Gemeinsamer europäischer Referenzrahmen für Sprachen: lernen, lehren, beurteilen.* Stuttgart: Klett-Langenscheidt.

Bosse, Gabrielle (2024): *Thematischer Schulwortschatz Französisch.* Stuttgart: Klett.

Fischer, Wolfgang / Le Plouhinec Anne-Marie (2024): *Thematischer Grund- und Aufbauwortschatz Französisch.* Stuttgart: Klett.

Beacco, Jean-Claude / Porquier, Rémy (2007): *Niveau A1 pour le français – Un référentiel.* Paris: Didier.

Beacco, Jean-Claude / Lepage, Sylvie / Porquier, Rémy / Riba, Patrick (2008): *Niveau A2 pour le français – Un référentiel.* Paris: Didier.

Beacco, Jean-Claude / Blin, Béatrice / Houles, Emmanuelle / Lepage, Sylvie / Riba, Patrick (2011): *Niveau B1 pour le français – Un référentiel.* Paris: Didier.

Beacco, Jean-Claude / Bouquet, Simon / Porquier, Rémy (2012): *Niveau B2 pour le français – Un référentiel.* Paris: Didier.

Klein, Katharina (2021): *Prüfungsvorbereitung im Unterricht – Anregungen für Kursleitende.* Stuttgart: Klett.

5. Bildquellennachweis

8, 38, 41, 42, 44, 47, 49, 53, 55, 57, 65 Getty Images (Sapunkele), München; **24.1** 123RF.com (kchung), Nidderau; **24.2** 123RF.com (robisklp); **24.3** 123RF.com (kchung); **24.4** 123RF.com (valkantina); **24.5** 123RF.com (vitalily73); **24.6** 123RF.com (Olga Popova); **24.7** 123RF.com (pixelrobot); **24.8** 123RF.com (Maciej Koza); **24.9** 123RF.com (Olga Yastremska); **26.1** Getty Images (AlionaManakova); **28** Getty Images (dapoomll); **30** Shutterstock (venimo), New York; **52.1** 123RF.com (topvectors); **52.2** 123RF.com (lioputra); **52.3** 123RF.com (sabelskaya); **52.4** 123RF.com (topvectors); **52.5** 123RF.com (dreamsvector); **52.6** 123RF.com (djvstock); **52.7** 123RF.com (elkinaekaterina); **52.8** 123RF.com (lioputra)